Dieses
Buch ist allen
gewidmet, die jeden
Tag um ihr Überleben
kämpfen und
niemals aufgeben.

Peter Fanconi

NATIONAL GEOGRAPHIC

12 Stories

die Mut machen

Mit kleinem Einsatz
Grosses bewirken

Peter Fanconi &
Robert Bösch

Abkürzungen

Mio.: Millionen
Mrd.: Milliarden
Bill.: Billionen

mm: Millimeter
m: Meter
km²: Quadratkilometer

Die in diesem Buch verwendeten Zahlen beziehen sich auf die aktuellsten öffentlich zugänglichen Daten.

Inhalt

Aufgeben ist keine Option

Vorwort von Peter Fanconi

Seit Jahrzehnten ringt unsere Gesellschaft um Antworten auf die Frage, wie extreme Armut überwunden, medizinische Grundversorgung ermöglicht, Bildung in ausreichendem Mass vermittelt, Frauen zu ihren Rechten und allgemeiner Teilhabe verholfen und die Auswirkungen des Klimawandels abgewehrt werden können. Schwellen- und Entwicklungsländer sind diesen Gefahren besonders ausgesetzt, da ihre Bevölkerung oft schutzlos ist und Not leidet.

Impact Investing hat sich in den letzten zwei Jahrzehnten als die Lösung erwiesen, die es ermöglicht, Einzelpersonen oder kleine Unternehmen mit kommerziellen Krediten von Mikrofinanzinstitutionen zu unterstützen oder Direktinvestitionen in Form von Unternehmensbeteiligungen anstelle von Zuschüssen oder Entwicklungshilfe zu tätigen.

BlueOrchard wurde vor zwanzig Jahren auf Initiative des ehemaligen Generalsekretärs der Vereinten Nationen (UNO), Kofi Annan, gegründet und hat den Weg für eine Anlageklasse geebnet, die heute in aller Munde ist und zur weltweit am schnellsten wachsenden Assetklasse gehört.

Dieses Buch zeigt sehr anschaulich, angereichert mit vielen Grafiken und Zahlen, die Errungenschaften der letzten zwei Jahrzehnte. Wer könnte die Geschichte besser erzählen als die Personen, die von diesen Fragen direkt betroffen sind?

Dieser Bildband erlaubt uns, mit Ihnen einige der ermutigenden Unternehmergeschichten sowie persönlichen Träume und Einblicke in das Leben von Familien rund um den Globus zu teilen, die Tag für Tag gegen grösste Widrigkeiten und Not ankämpfen.

Aus mehr als 200 Millionen Einzelschicksalen der letzten 20 Jahre haben wir zwölf Geschichten aus vier Kontinenten ausgewählt. Ich hatte das grosse Privileg von Robert Bösch, dem weltberühmten Schweizer Fotografen, während der letzten Jahre auf verschiedenen Reisen begleitet zu werden. Er hat unsere Protagonisten auf sehr persönliche Art und Weise und immer mit grossem Respekt im Bild festgehalten.

In Ihren Händen halten Sie das Ergebnis dieser gemeinsamen Anstrengung, begleitet von Essays einiger der einflussreichsten Vordenker aus der ganzen Welt und unterstützt vom einzigartigen BlueOrchard-Team, ohne dessen Hilfe dieses Projekt nicht möglich gewesen wäre.

Dieses Buch ist allen gewidmet, die jeden Tag um ihr Überleben kämpfen und niemals aufgeben. Sie alle haben mein Leben und das Leben vieler anderer beeinflusst. Der Kampf gegen Ungleichheit und Ungerechtigkeit bleibt unsere Mission.

Geniessen Sie die Reise!

Gefährdung durch Klimawandel

Extrem hoch — Hoch — Mittel — Niedrig

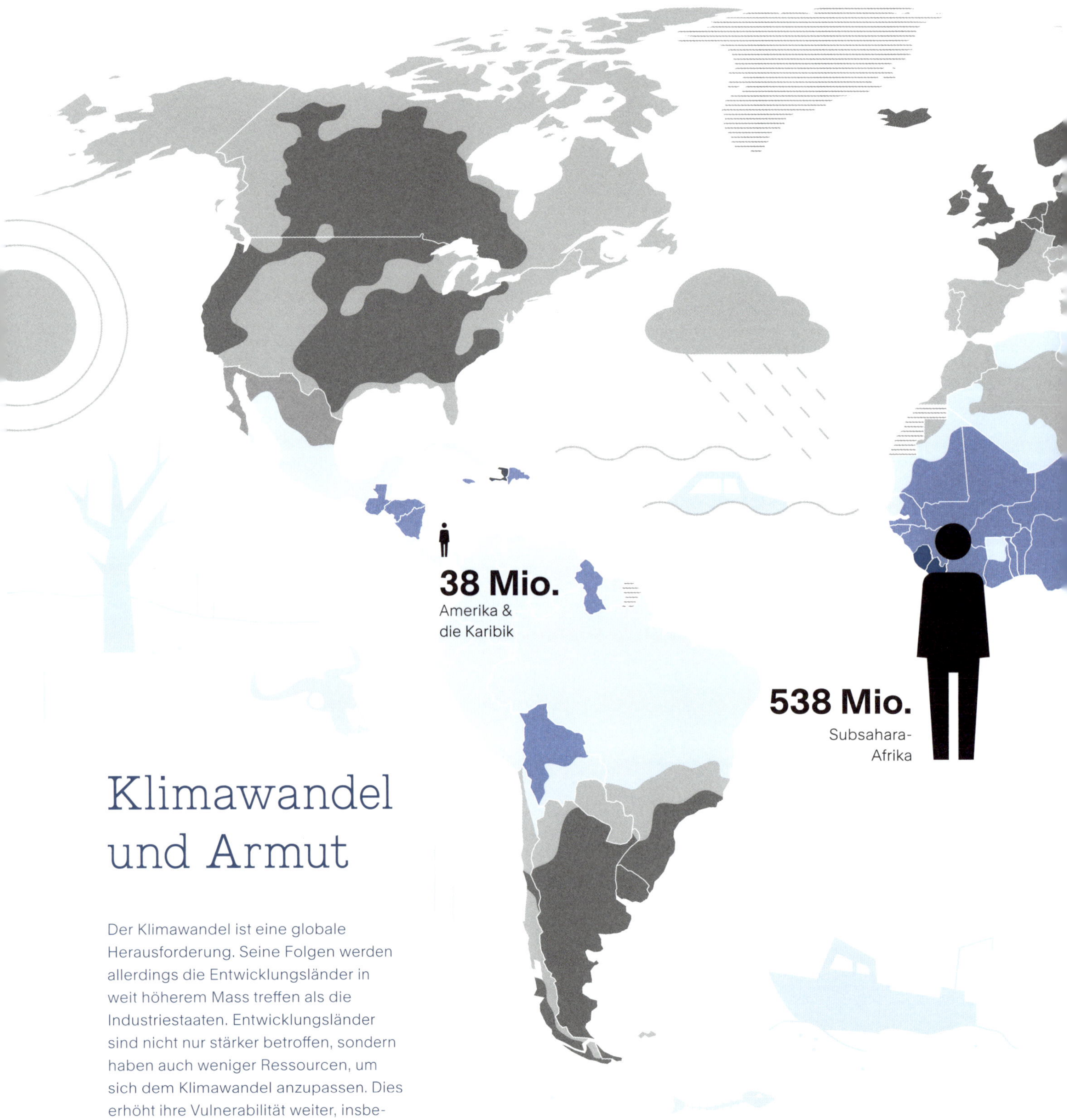

Klimawandel und Armut

Der Klimawandel ist eine globale Herausforderung. Seine Folgen werden allerdings die Entwicklungsländer in weit höherem Mass treffen als die Industriestaaten. Entwicklungsländer sind nicht nur stärker betroffen, sondern haben auch weniger Ressourcen, um sich dem Klimawandel anzupassen. Dies erhöht ihre Vulnerabilität weiter, insbesondere in den Bereichen Wirtschaft, Soziales und Umwelt.

Index mehrdimensionaler Armut*

Menschen, die in mehrdimensionaler Armut leben

* Der Index mehrdimensionaler Armut (Multidimensional Poverty Index, MPI) betrachtet mehr als nur das Einkommen, um zu bestimmen, wie Armut in den drei Schlüsselbereichen Gesundheit, Bildung und Lebensstandard erfahren wird.

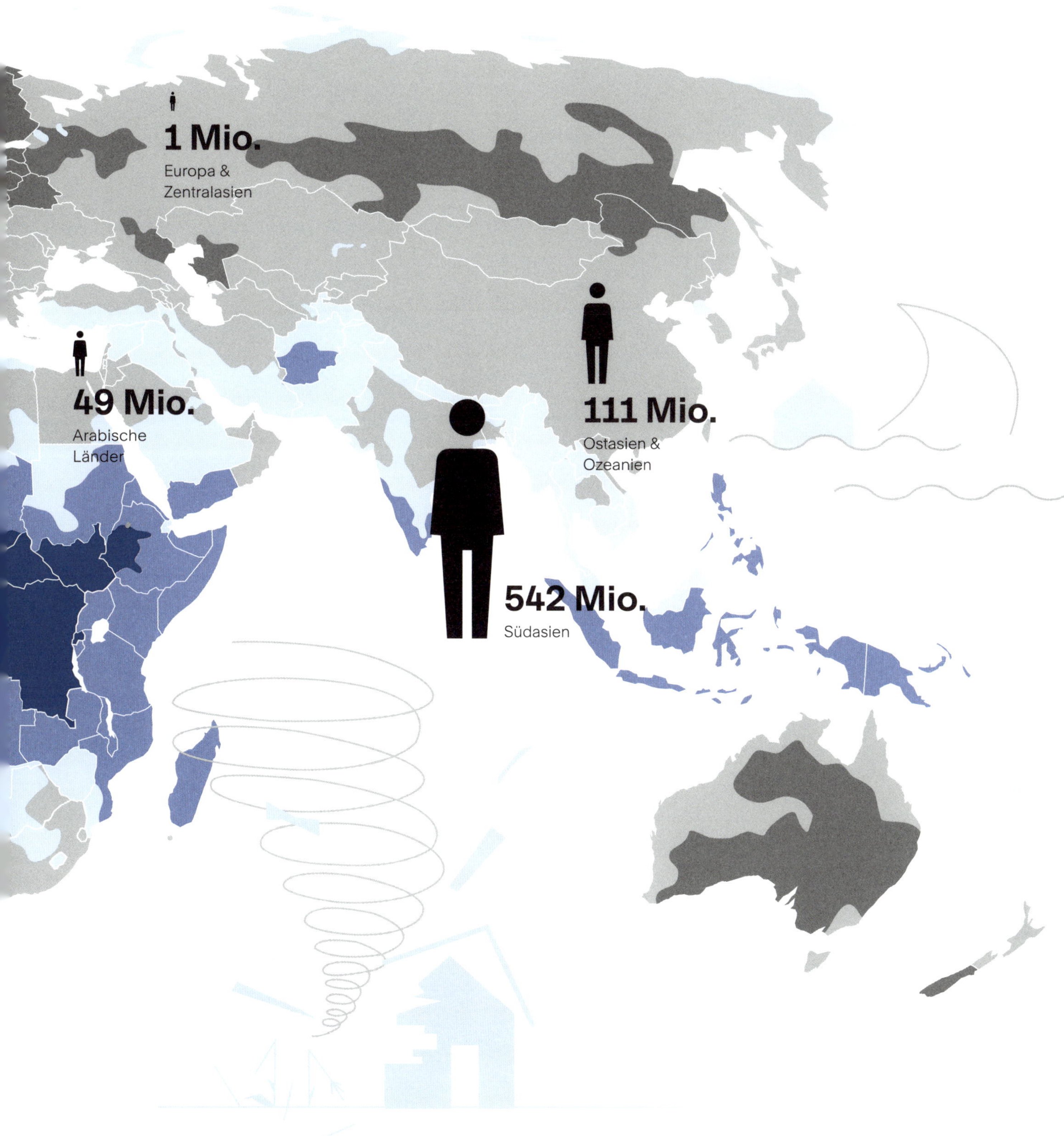

Include the Excluded

Heute verfügen weltweit mehr als 1,7 Milliarden Erwachsene über kein Bankkonto, keinen Zugang zu Krediten, Sparkonten oder Versicherungen und den damit verbundenen Finanzdienstleistungen. Frauen sind davon unverhältnismässig stark betroffen und stellen 56 % derjenigen Erwachsenen weltweit, die keinen Zugang zum Bankwesen haben. Ein integratives Finanzsystem, das allen Mitgliedern der Gesellschaft die Inanspruchnahme von Finanzdienstleistungen ermöglicht, ist für den gemeinsamen Wohlstand, die Stärkung der Rolle der Frau und den Zugang zu Gesundheitsversorgung und Bildung von wesentlicher Bedeutung. Finanzielle Inklusion fördert das Unternehmertum und die Schaffung von Arbeitsplätzen.

Impact Investing – eine Anlageklasse, die es Anlegern ermöglicht, neben einer finanziellen Rendite auch soziale und/oder ökologische Effekte zu erzielen – war in den letzten Jahrzehnten der Schlüssel zur Verbesserung der Aussichten für einige der ärmsten Bevölkerungsgruppen der Welt und wird es auch weiterhin sein. Diese Art zu investieren nahm vor vielen Jahren mit dem Konzept der Mikrofinanzierung ihren Anfang, hat sich aber in jüngster Zeit erheblich weiterentwickelt und umfasst heute eine breite Palette von Anlageklassen, die die Fähigkeit haben, die Welt zum Guten zu verändern. Mikrofinanzierung verschafft Menschen ohne Zugang zum Finanzwesen oder mit sehr niedrigen Einkommen Zugriff auf kleine Kredite,

Begriffsbestimmung Impact Investing

Impact Investing ist eine Form des Investierens, die konventionelles Investieren mit Philanthropie verbindet und damit neben finanziellen Erträgen auch soziale und ökologische Wirkungen erzielt.

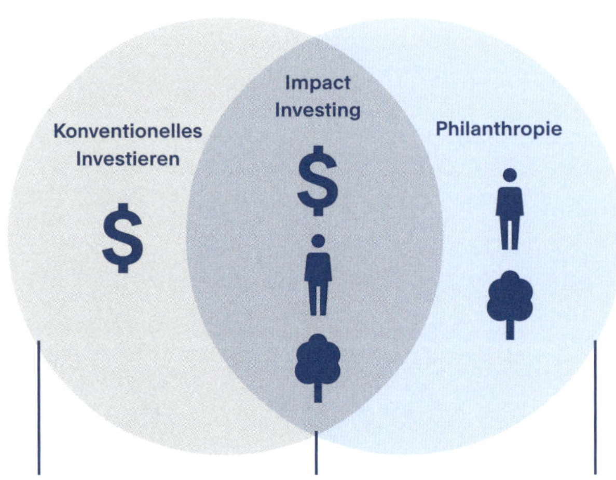

- $ Gewinnorientiert, finanzielle Erträge
- Sozialer Ertrag
- Ökologischer Ertrag

· Mainstream Investing (auf rein finanzielle Ziele gerichtet)
· Sozial verantwortungsbewusstes Investieren (SRI, Social Responsible Investment)
· Nachhaltiges Investieren

· Soziale und ökologische Wirkungen neben finanziellem Ertrag

· Venture Philanthropie
· Mildtätige Spenden

Die Auswirkungen von Armut und Klimawandel

1 Mrd.
Menschen – vor allem in den am wenigsten entwickelten Ländern – sind immer noch ohne Stromversorgung.

1,7 Mrd.
Erwachsene auf aller Welt haben kein Bankkonto.

61 %
des Abfalls wird in Ländern mit niedrigem Durchschnittseinkommen nicht ordnungsgemäss entsorgt.

14mal
höhere Müttersterblichkeit in Entwicklungsländern im Vergleich zu Industrieländern.

264 Mio.
Kinder und Heranwachsende haben keinen Zugang zu Schulbildung.

617 Mio.
junge Menschen verfügen nicht über elementare Fähigkeiten im Rechnen, Schreiben und Lesen.

etwa 750 Mio.
Erwachsene – 2/3 davon Frauen – waren 2016 Analphabeten.

Mehrdimensionale Armut

Klimawandel

+ 400 %
Seit 1970 hat sich die Anzahl der Naturkatastrophen weltweit auf etwa 400 pro Jahr vervierfacht.

94,2 mm
Anstieg des Meeresspiegels seit 1993

178 Mio.
Hektar Waldfläche sind seit 1990 verlorengegangen.

> 500.000
Menschen starben zwischen 1997 und 2016 weltweit infolge extremer Wetterereignisse.

Schwellenmärkte leiden **8mal** mehr unter den Folgen des Klimawandels als Industrieländer.

200 Mio.
Geflüchtete aus ökologischen Gründen wird es bis 2050 geben.

75 %
der durch den Klimawandel Heimatlosen sind Frauen.

Die Wertschöpfungskette der Mikrofinanz

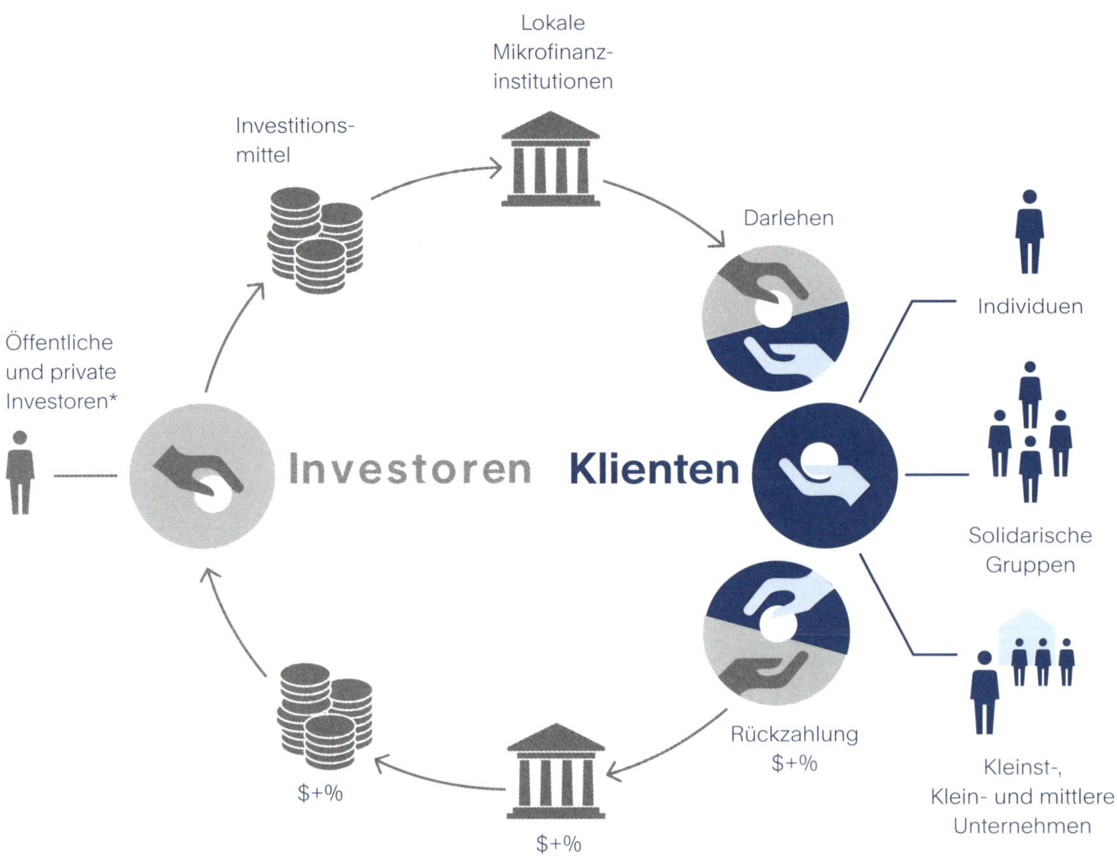

* Öffentliche Investoren:
Entwicklungsbanken oder Staatsfonds

Private Investoren:
Banken, Pensionsfonds, Versicherungsgesellschaften, Stiftungen

Bankkonten oder andere Finanzdienstleistungen. Sie wird seit vielen Jahren erfolgreich als Instrument im Kampf gegen Armut eingesetzt und lässt sich bis ins 14. Jahrhundert zurückverfolgen, als Mönche erstmals zum Wohle der Allgemeinheit Pfandhäuser betrieben.
Gegen Ende des letzten Jahrhunderts begannen die ersten kommerziellen Schritte der Mikrofinanzindustrie. Als die UNO ihre Millenniums-Entwicklungsziele (Millennium Development Goals, MDGs) – die Vorläufer der aktuellen Ziele für nachhaltige Entwicklung (Sustainable Development Goals, SDGs) – mit einigen ehrgeizigen Vorhaben zur Armutsbekämpfung auf den Weg brachten, wurde die Mikrofinanz als ein bedeutendes Instrument zu ihrem Erreichen identifiziert. Auf Initiative der UNO wurde BlueOrchard im Jahr 2001 als Manager des weltweit ersten kommerziellen Mikrofinanzfonds gegründet.

Durch einen kommerziellen Ansatz bei der Finanzierung des Mikrofinanzsektors wurden erstmals Kleinst-, Klein- und mittlere Unternehmen (KKMU) mit öffentlichen und privaten Investoren – Gesellschaften zur Entwicklungsfinanzierung, Banken und Versicherungen – in grösserem Umfang verbunden. Dies bedeutete, dass die zur Verfügung gestellten Mittel effizienter in lokale Mikrofinanzinstitutionen (MFI) geleitet werden konnten, um sie an Einzelpersonen, Gruppen und kleine Unternehmen weiterzureichen.
In den letzten zwanzig Jahren hat sich der Mikrofinanzsektor erheblich weiterentwickelt und einen bemerkenswerten Beitrag zum Fortschritt bei der finanziellen Inklusion geleistet. In dieser Zeit haben sich die MFI von kleinen, nicht gewinnorientierten Unternehmen zu grösseren, stärker kommerzialisierten Organisationen mit beträchtlicher Reichweite in Schwellen- und Entwicklungländern entwickelt.

UN-Ziele für nachhaltige Entwicklung (SDGs)

Agenda 2030

Jährlicher Investitionsbedarf in Entwicklungsländern

Geschätzt, 2015–2030, in Billionen

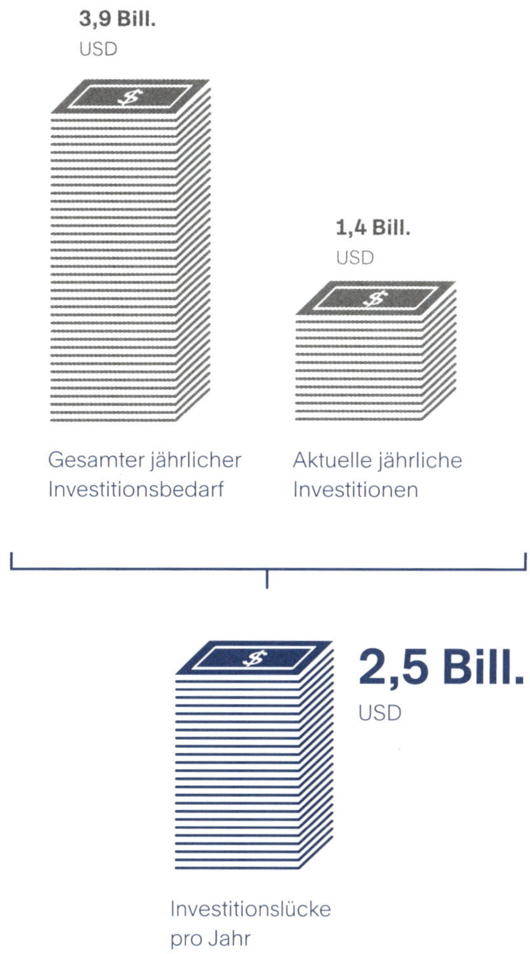

Im Jahr 2015, als aus den MDGs die heute weltweit bekannten SDGs wurden, hat sich die Bedeutung der finanziellen Inklusion als Thema und Schwerpunkt der Armutsbekämpfung weiter verstärkt. Die SDGs sind ein Paket von 17 miteinander verwobenen globalen Zielen, die eine Blaupause bilden für das Erreichen einer besseren und nachhaltigeren Zukunft. Sie adressieren die globalen Herausforderungen, mit denen die Gesellschaft konfrontiert ist, einschliesslich derer, die mit Armut, Ungleichheit, Klimawandel und Umweltzerstörung zusammenhängen, um die Verteilung von Wohlstand sowie Frieden und Gerechtigkeit zu erreichen. Sie können jedoch nicht ohne weitreichende Massnahmen und Unterstützung erreicht werden. Es besteht allein in Entwicklungsländern eine beträchtliche Finanzierungslücke von 2,5 Billionen USD pro Jahr, die geschlossen werden muss, wenn wir diese ehrgeizigen Ziele im nächsten Jahrzehnt erreichen wollen. Impact Investing spielt eine entscheidende Rolle bei der Zusammenführung öffentlicher und privater Mittel, um den Investitionsbedarf der Entwicklungsländer zu decken.

Es ist leicht, grosse Zahlen zu nennen, um zu zeigen, welche Wirkung Impact Investing im Kampf gegen Armut und Ungleichheit haben kann. Unserer Erfahrung nach sind aber gerade die individuellen Geschichten am aussagekräftigsten. Zum zwanzigsten Jahrestag von BlueOrchard lassen wir Menschen zu Wort kommen, denen wir in den letzten zwei Jahrzehnten begegnet sind und die uns mit ihren Geschichten beeindruckt haben. Wie oft haben wir uns gewünscht, einige dieser inspirierenden Geschichten mit der Welt zu teilen, die zu hören wir das Privileg hatten. Mit diesem Buch haben wir nun genau das getan.

Anteil aktiver Darlehensnehmer	Anteil weiblicher Darlehensnehmer	Durchschnittliche Kredithöhe pro Darlehensnehmer
pro Region		
2% Osteuropa & Zentralasien	49% (Globaler Durchschnitt 66%)	USD 1.161 (Globaler Durchschnitt USD 704)
15% Ostasien & Ozeanien	73%	USD 416
2% Naher Osten & Nordafrika	60%	USD 508
17% Lateinamerika & Karibik	63%	USD 1.397
4% Subsahara-Afrika	64%	USD 445
59% Südasien	89%	USD 294
%	♀	$

Impact Investing in Schwellenländern

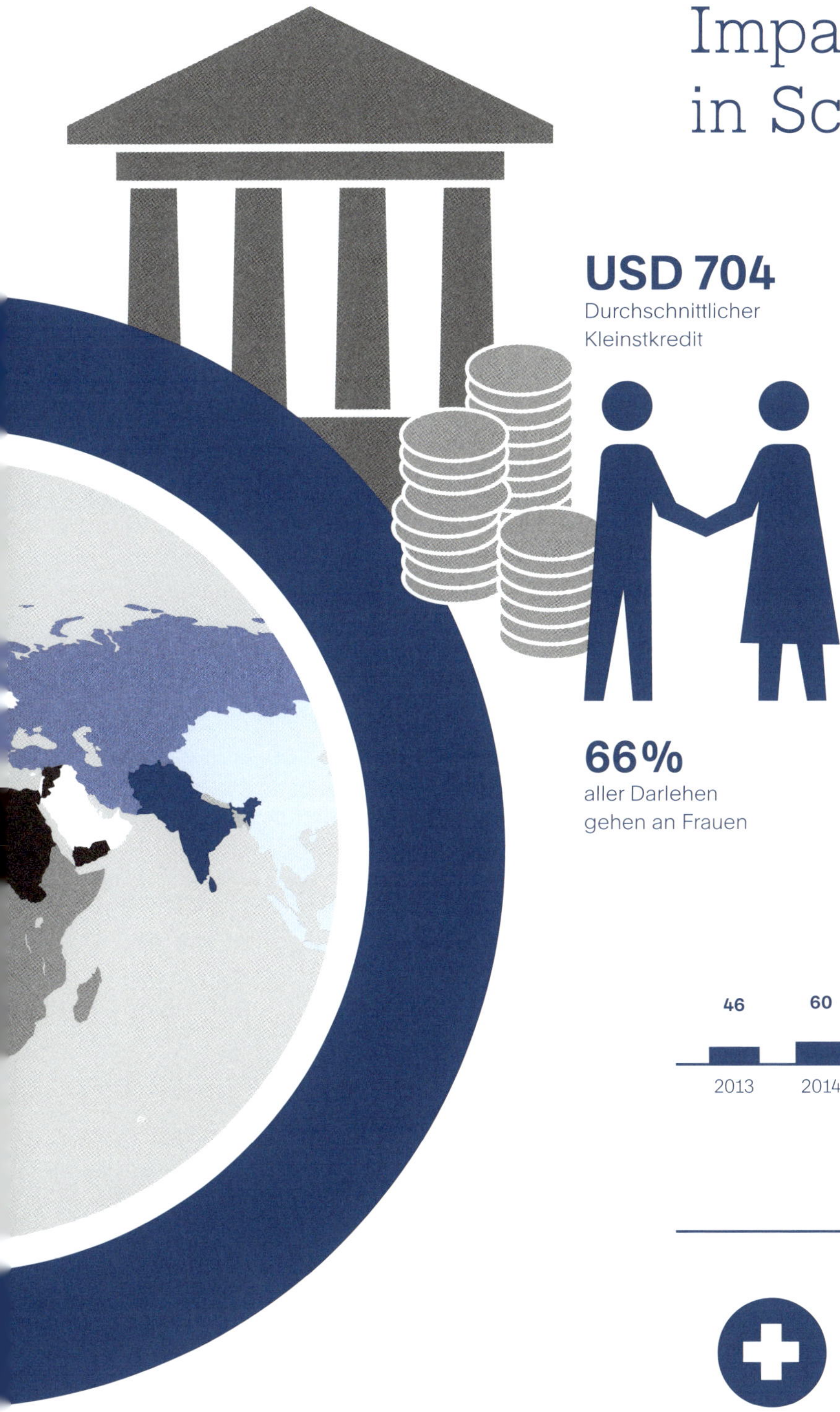

USD 704
Durchschnittlicher Kleinstkredit

66 %
aller Darlehen gehen an Frauen

Die ärmsten Regionen mit den unterentwickeltsten Mikrofinanzmärkten wie Südasien, Ostasien und Ozeanien sowie Subsahara-Afrika weisen die niedrigsten durchschnittlichen Kreditsalden auf. Da Frauen tendenziell risikoscheuer sind und die Bedürfnisse ihrer Familien bei ihnen an erster Stelle stehen, werden ihnen mehr Darlehen bewilligt.

Wachstum der internationalen Impact-Investing-Industrie

in Mrd. USD

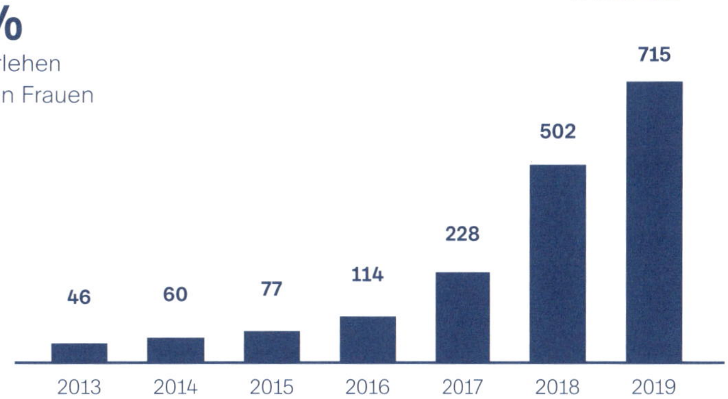

Anlageverteilung nach Sektoren

20 %
Gesundheitswesen

16 %
Energie

12 %
Finanzdienstleistungen
ausg. Mikrofinanz

10 %
WASH* & Infrastruktur
*Wasser, Sanitäranlagen und Hygiene

10 %
Forstwirtschaft

9 %
Nahrungsmittel & Landwirtschaft

8 %
Mikrofinanz (Kleinstkredite)

7 %
Wohnungsbau

Bildung

von Russel Mills,
Generalsekretär für Wirtschaft bei der OECD

Das Gehirnvolumen unserer Vorfahren hat sich über eine Zeitspanne von 3 Millionen Jahren vervierfacht. In den letzten 200.000 Jahren allerdings erwies sich die kollektive Nutzung unserer Intelligenz als so erfolgreich, dass der weitere evolutionäre Fortschritt der Menschheit nicht mehr auf zusätzliches Grössenwachstum der Gehirne angewiesen war. Obwohl sich Regionen unterschiedlich entwickelten, haben florierende Kulturen stets Investitionen in das Lernen besonders betont. Heute bietet uns die Kombination von Globalisierung, Automatisierung und Digitalisierung einige dramatische neue Möglichkeiten. Wir können uns weder unsere Eltern noch unseren Geburtsort aussuchen, und für diejenigen, die in Armut hineingeboren werden, ist dies in aller Regel der Beginn eines lebenslangen Kampfes und immer weiter schwindender Möglichkeiten. In den Ländern Subsahara-Afrikas sowie Süd- und Westasiens bricht fast jedes dritte Kind die Grundschule noch vor dem Abschluss ab. Entbehrung ist jedoch kein unausweichliches Schicksal. Bereits 2012 zeigten die PISA-Tests, dass die 10 % am stärksten benachteiligten 15-Jährigen in Schanghai bessere Ergebnisse in Mathematik erzielten als die 10 % der privilegiertesten Schüler in den Vereinigten Staaten und vielen anderen OECD-Ländern.
Ein Kind, dessen Mutter lesen kann, hat eine 50 % höhere Wahrscheinlichkeit, älter als fünf Jahre zu werden, und eine doppelt so hohe Wahrscheinlichkeit, eine Schule zu besuchen. Das Durchschnittseinkommen von Menschen in armen Ländern steigt mit jedem zusätzlichen Schuljahr um bis zu 10 %. Es überrascht daher nicht, dass Nelson Mandela sagte: „Bildung ist die mächtigste Waffe, um die Welt zu verändern." Investitionen in frühe Bildung schaffen die höchsten sozialen Erträge, haben den grössten Einfluss auf spätere Erfolge und müssen daher Teil unserer Investitionspolitik sein.
Die Kosten für Automatisierung und Digitalisierung sind inzwischen auf ein so niedriges Niveau gesunken, dass das einzige verbleibende Unterscheidungsmerkmal für die meisten Unternehmen und sogar Länder ihre Menschen bzw. Mitarbeiter sein sollten. Parallel dazu ändern sich die Qualifikationsanforderungen schneller denn je – die Schulbildung wird zum Ausgangspunkt eines Prozesses lebenslangen Lernens. Den angeborenen Entdeckungsdrang eines Babys zu beobachten ist eine eindringliche Erinnerung daran, dass die Bewahrung unserer Liebe zum Lernen auch eine lebenslange Investitionsmöglichkeit darstellt.
Leider verfügen die meisten Entwicklungsländer noch nicht über die finanziellen Mittel, um die Mindestschwellenwerte für Bildungsinvestitionen zu erreichen, die insbesondere in kritischen Bereichen wie Wissenschaft, Technologie und Innovation akzeptable Lernergebnisse gewährleisten. Erforderliche Bildungsreformen erfolgen ausserdem oft in einem zeitlichen Rahmen, der mit politischen Prozessen nicht vereinbar ist. Schliesslich ist ‚freie Bildung' für Familien, die sich weder Schuluniformen, Bücher, Transportmittel für den Schulweg noch andere Bildungskosten leisten können, eher ein Schlagwort als die Realität. Durch die Verbesserung der internationalen Zusammenarbeit mit der Wirtschaft

Russel Mills

spielt die OECD eine entscheidende Rolle, um sicherzustellen, dass einschlägige und evidenzbasierte optimale Methoden in den Hauptstädten der Welt übernommen werden und so eine qualitativ hochwertige Bildung für alle zu fördern.
In diesem Zusammenhang hat sich Impact Investing als erfolgreiches Instrument zur Verringerung der Kluft zwischen unterschiedlichen Bildungsniveaus erwiesen. Durch die Schaffung finanzieller Stabilität für einkommensschwache Familien hat insbesondere der Mikrofinanzsektor erheblich dazu beigetragen, die finanziellen Barrieren beim Zugang zu Bildung zu senken, und es somit diesen Familien ermöglicht, sich den Schulbesuch ihrer Kinder überhaupt erst leisten zu können. Darüber hinaus hat die Mikrofinanzierung durch die Bereitstellung massgeschneiderter, nachhaltiger und sozial verantwortlicher Finanzdienstleistungen für den Bildungssektor im Allgemeinen dazu beigetragen, den allgemeinen Zugang zu qualitativ hochwertiger und erschwinglicher Bildung in Entwicklungsländern zu verbessern.
Covid-19 hat die Digitalisierung von einer wichtigen zu einer wesentlichen Komponente des Bildungswesens gemacht und dabei sowohl die Gefahren als auch die Chancen aufgezeigt, die sich aus einer wachsenden digitalen Kluft ergeben. Kostengünstige Informationsverbreitung kann die Bildung in ihrem breitesten Kontext und im grössten Massstab positiv beeinflussen. Die intelligente Anwendung digitaler Werkzeuge ist eine Ergänzung und kein Ersatz für gute Lehrer. Dies ist ein weiterer Bereich, in dem integrierte Ansätze für öffentlich-private Partnerschaften unerlässlich sind. Gross angelegte Investitionen in die digitale Infrastruktur zur Versorgung moderner Volkswirtschaften sind mit immensen Vorlaufkosten verbunden. Trotz der hohen Priorität wird dies oft durch unzureichende Investitionen in das Humankapital untergraben. Impact Investing stellt daher ein ideales Instrument dar, um die wirkungsvolle Digitalisierung des Lernens sowohl innerhalb als auch ausserhalb der Klassenzimmer zu beschleunigen. Angesichts der Innovationsfähigkeit der Branche können wir auf zahlreichen Beispielen optimaler Verfahren aufbauen, um Grössenvorteile zu erzielen.
Wir leben in einer zunehmend komplexen, vernetzten und unberechenbaren Welt. Das Tempo des Wandels hat sich beschleunigt und sowohl Chancen als auch Herausforderungen geschaffen. Die Bewältigung dieser Herausforderungen durch Zusammenarbeit statt durch Konfrontation beginnt mit der Bildung und ist weitaus wirksamer – insbesondere in wissensbasierten Volkswirtschaften, die weniger von endlichen Ressourcen abhängig sind. Je schneller dies verstanden wird, desto eher können wir zu einer echten globalen nachhaltigen Entwicklung gelangen.
Die potenzielle Schnelligkeit, Beweglichkeit und Wirksamkeit der Mikrofinanzierung erinnert uns zur rechten Zeit daran, dass wir uns jetzt dafür entscheiden können, die Verbesserung der Bildung sowohl zu unserem mächtigsten Instrument für Veränderungen als auch zu unserer ersten Investitionswahl zu machen, wenn wir auf optimale Weise langfristige Verbesserungen erzielen wollen.

Tansania

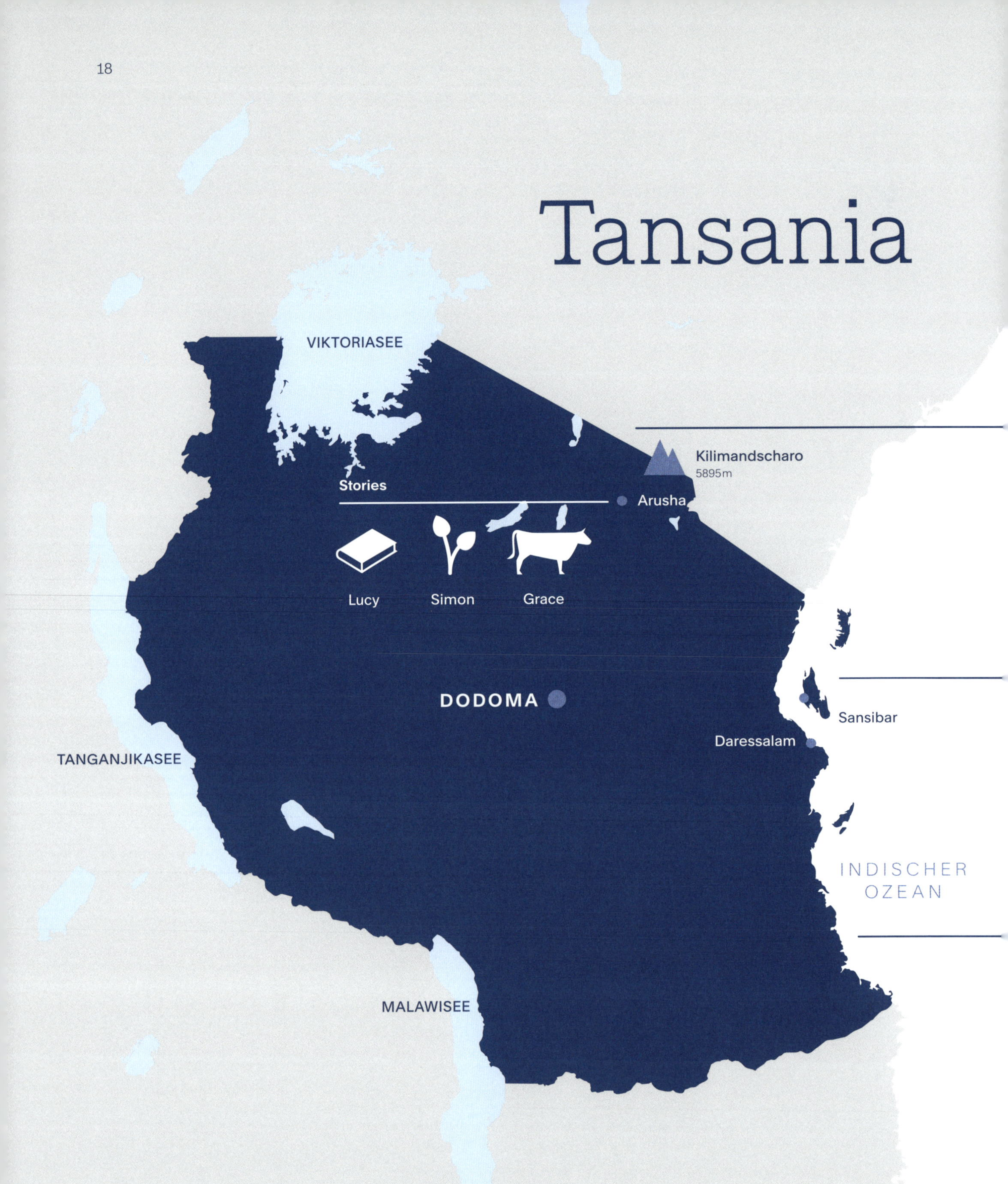

Mit einer geschätzten Bevölkerung von knapp 60 Millionen ist Tansania das am zweitdichtesten besiedelte Land südlich des Äquators und das sechstgrösste Afrikas. Es ist mit mehr als 100 gesprochenen Sprachen das Land mit der grössten sprachlichen Vielfalt in Ostafrika und besteht aus mehr als 120 ethnischen, sprachlichen und religiösen Gruppen.

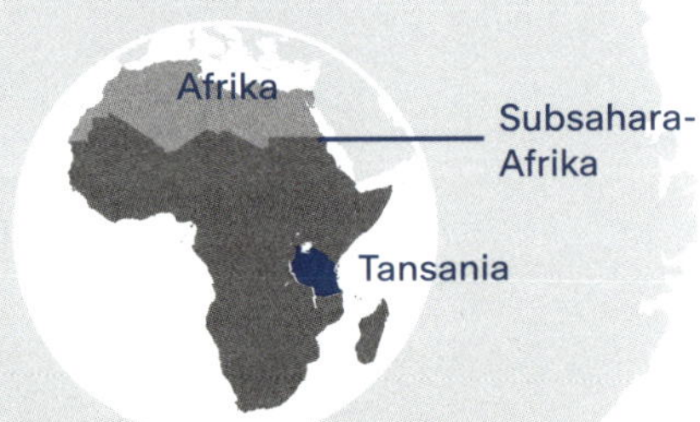

BIP-Wachstum	Index der geschlechtsspezifischen Ungleichheit	Armutsniveau	Glücksindex

6,2 % jährlich 1999–2019	**130** von 189 Ländern	**49,1 %** leben unterhalb der Armutsgrenze (1,90 USD/Tag)	**148** von 153 Ländern

Fläche

Südafrika

= 1,3 ×

Tansania

947.300 km²

Aktuelle Einwohnerzahl

60 Millionen

= 1 Million

Weltrang

25

Volksgruppen

100+ Volksgruppen und Sprachen

Amtliche Landessprache ist Suaheli.

66% der Einwohner leben auf dem Land.

	Massai	Rangi	Chaaga
Gebiet:	· Nördliches Tansania	· Dodoma und Umland	· Hänge des Kilimandscharo
Siedlungsweise:	· halbnomadisch	· sesshaft	· sesshaft
Lebensgrundlage:	· Viehzucht	· Feldfrüchte wie Mais	· Kaffee
Soziale Struktur:	· Patriarchat	· Matriarchat	· Patriarchat
Religion:	· traditioneller Volksglaube	· überwiegend muslimisch	· überwiegend christlich

Bevölkerung

117 %
Bevölkerungswachstum
2020–2050

37,6
Kindersterblichkeit
auf 1.000 Lebendgeburten

4,9
Personen
durchschnittliche
Haushaltsgrösse

Klimawandel

65 %
aller Arbeitskräfte sind in der Landwirtschaft tätig und somit stark vom Klimawandel beeinflusst.

84 %
Prognose des Rückgangs des BIP/Kopf durch Klimawandel bis 2100

338.292
Menschen vom erwarteten Anstieg des Meeresspiegels bis 2100 betroffen

Wirtschaft

90 %
aller arbeitenden Frauen sind in der Landwirtschaft tätig.

23,4 %
Landwirtschaft

28,6 %
Industrie

47,6 %
Dienstleistungen

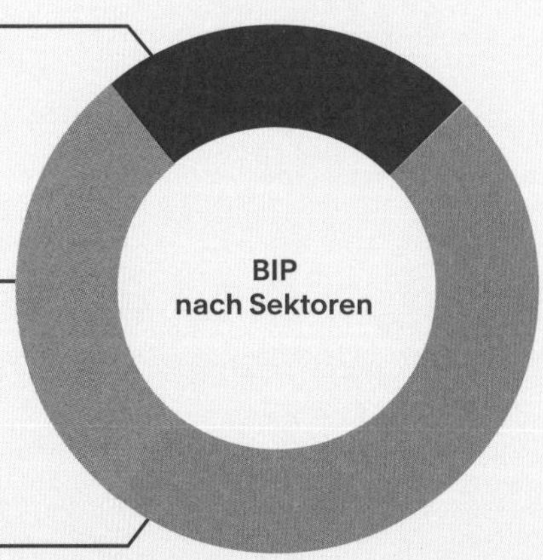

63 Mrd. USD
Aktuelles BIP
(Südafrika: 368.3 Mrd. USD)

2.770 USD
BIP/Kopf
Weltrang: 162

96
Internationaler Korruptionsindex,
Platzierung von 198

35
Index der Partizipation und Verantwortlichkeit*
auf einer Skala von 0–100

* Partizipationsmöglichkeit bei der Wahl der Regierung sowie Mass der Freiheit von Meinung, Versammlung und Presse in der Wahrnehmung der Bürgerrechte

* Grundschule:
7 Jahre, Eintrittsalter 5–7

** Sekundarstufe I:
4 Jahre, Eintrittsalter 12–14

Durchschnittsdauer des Schulbesuchs 5,7

in Jahren in Subsahara-Afrika

< 50%

aller Grundschulen und Sekundarstufen I in Subsahara-Afrika verfügen über:

Strom-versorgung

Trinkwasser

Internetzugang

Computer

Schulanmeldungen

Alphabetisierungsgrad

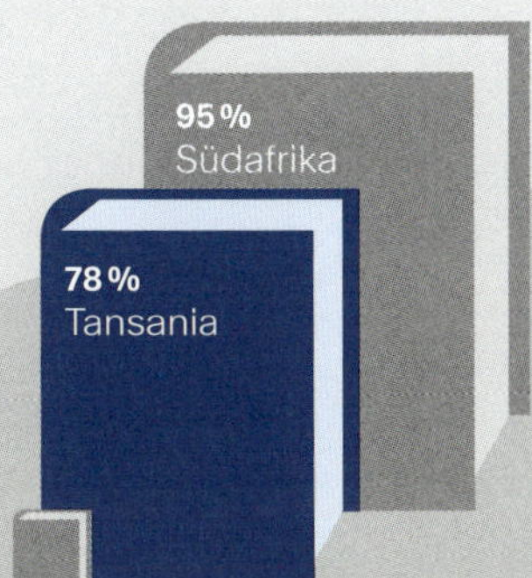

19 % Niger

Kinder und Jugendliche ohne Schulbesuch

in Afrika

19 % **23 %** Grund-schulalter

32 % **36 %** Im Alter von 13 Jahren

5.500

Mädchen in Tansania konnten ihren Schulbesuch der Sekundarstufe I wegen Schwangerschaft bzw. Mutterschaft nicht fortsetzen.

KAZI
G-M.I MARKETING
TSHS 399,000
0757 - 648 247
0766-726479

ISUZU
T 438 AKT T

Die Menschen in Tansania sind für ihr freundliches und höfliches Wesen und ihren ausgeprägten Nationalstolz bekannt, der sich auch auf ihr kulturelles und angestammtes Erbe erstreckt. Gemeinsam ist ihnen auch ihr Unternehmergeist. Die Älteren und ihre Weisheit, die sie im Laufe der Jahre erworben haben, geniessen grossen Respekt, und die Jüngeren müssen verschiedene Übergangsriten durchlaufen, bevor sie als erwachsen gelten.

DONALD TRUMP
BUTCHER
Call:
0745 763093

2PAC
D KING
MUST
D KING

HAPA
OLD NAV

Lucy

Schulleiterin

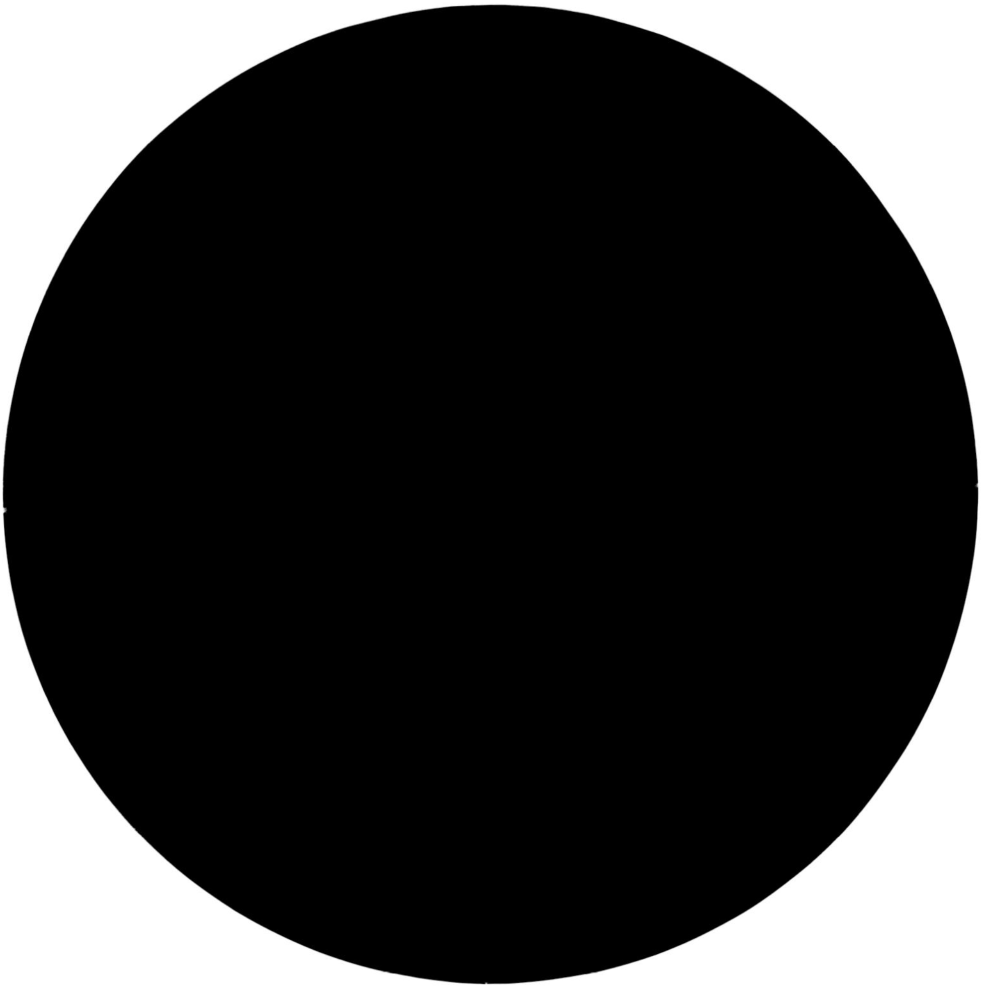

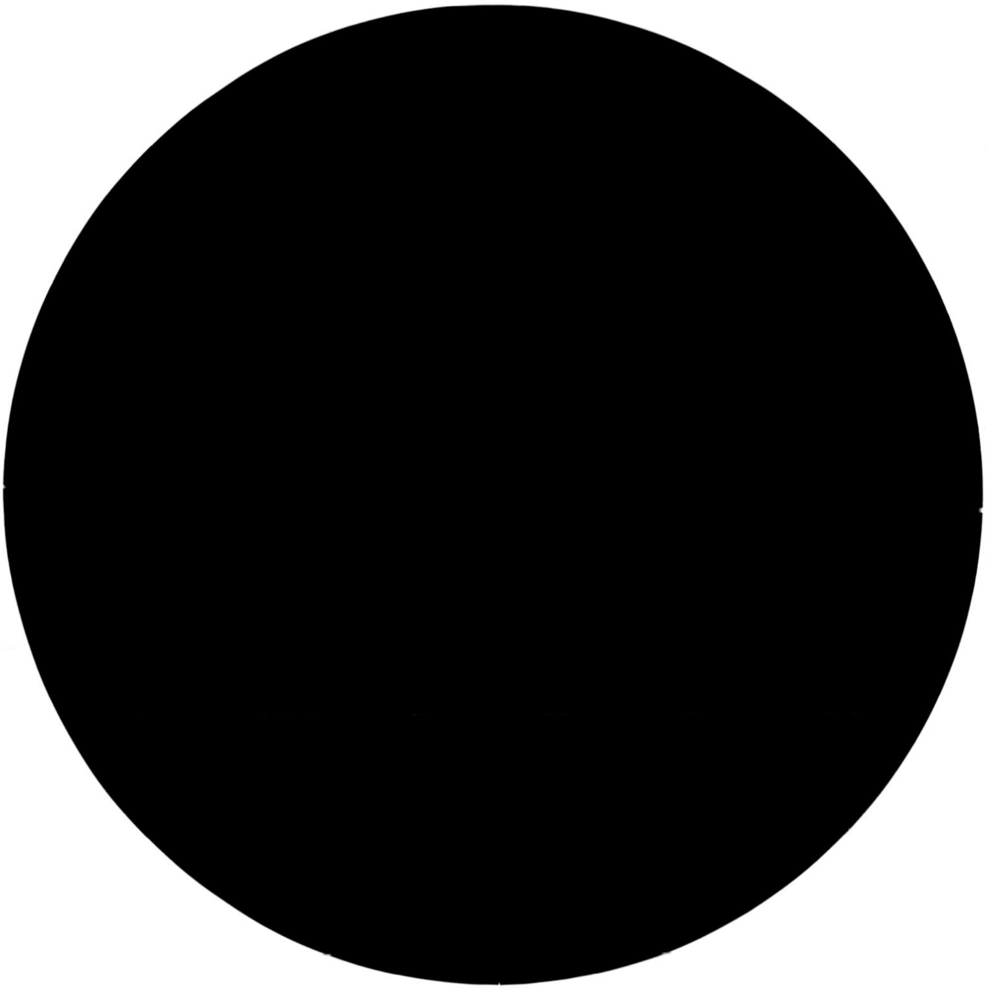

Lucy Wilfred gründete 2013 zusammen mit
Mann die Kingdom Vor- und Grundschule.
2017 hat sie mehrfach Darlehen einer Instit
Mikrokreditfinanzierung in Anspruch geno
um den Ausbau der Schule voranzutreiben
Ehepaar hat drei Kinder im Alter zwischen
Jahren. Vor der Gründung ihrer eigenen Sc
Lucy selbst als Lehrerin an einer anderen S
angestellt. Lucy ist von Natur aus Optimisti
starken lutherischen Überzeugungen leiter
durch schwierige Zeiten, etwa wenn sie sic
der Gesellschaft nicht ausreichend unterst
fühlt. Inmitten all ihrer Kinder zu sein, die si
oder ‚Mame' nennen, bringt sie zum Lache
motiviert sie, ihre Mission fortzusetzen, Fa
Not Bildung zu bieten und eine bessere Zu
zu ermöglichen.

MARY KAY
Greatest

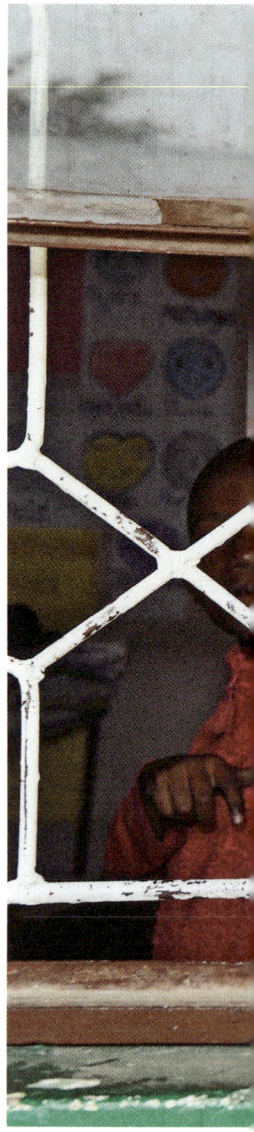

Die 2013 gegründete Schule in Arusha, Tansania, wird heute von mehr als 300 Schülern im Alter zwischen 3 und 12 Jahren besucht.

H·W
SCIENCE
Write down 3 types of clothes
Mention 3 materials used to clean clothes.
List down 3 examples of vegetables
Fill in the gaps
We use toothbrush to brush our ______
Comb is used to comb our
Blood is ____ in colour.
Write down types of food.
Dirisha = Madirisha
Mtoto = Watoto
KISWAHILI

IGDOM NURSERY
PRIMARY SCHOOL
ARUSHA
NURSER
OOL

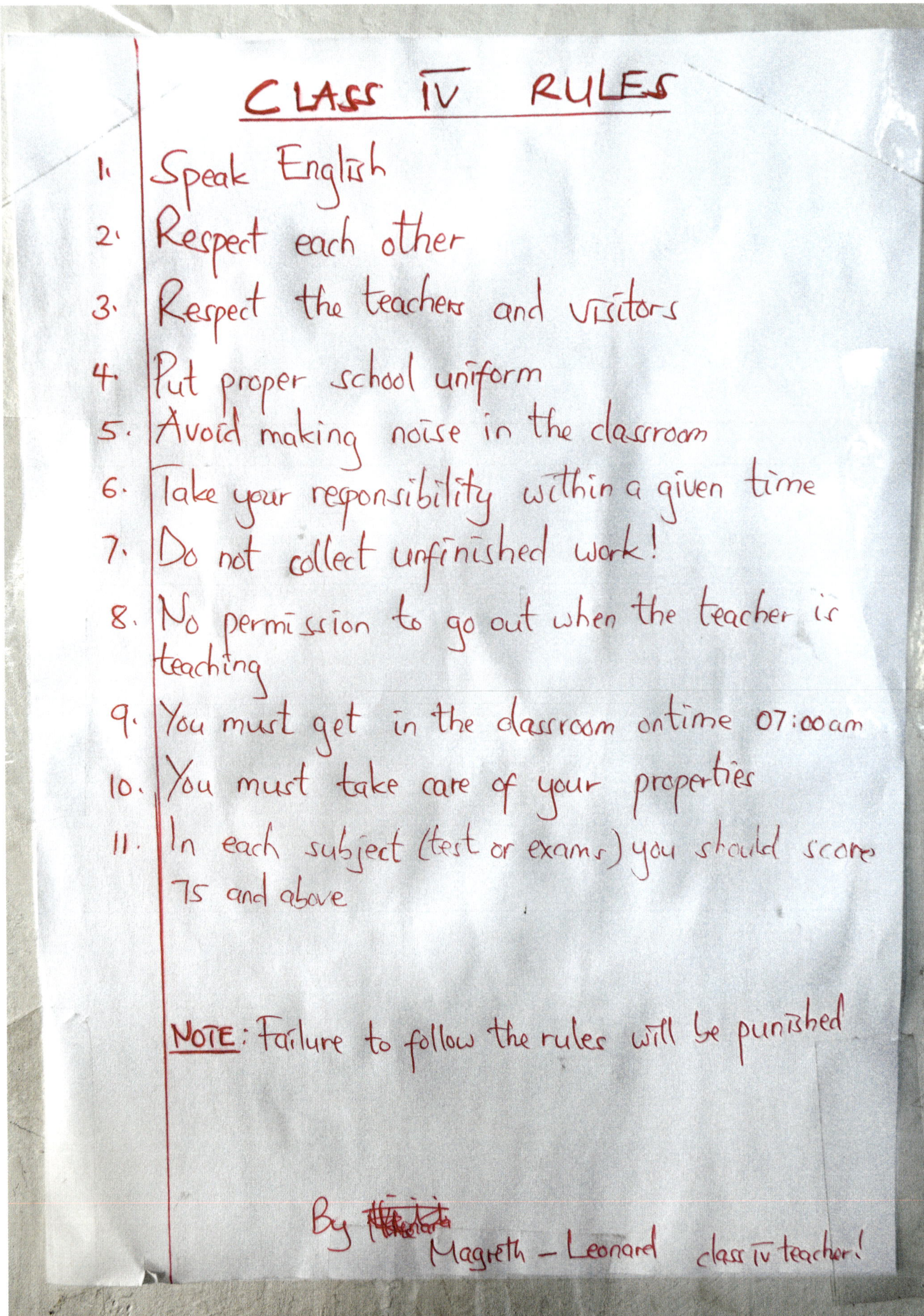
CLASS IV RULES
1. Speak English
2. Respect each other
3. Respect the teachers and visitors
4. Put proper school uniform
5. Avoid making noise in the classroom
6. Take your responsibility within a given time
7. Do not collect unfinished work!
8. No permission to go out when the teacher is teaching
9. You must get in the classroom ontime 07:00am
10. You must take care of your properties
11. In each subject (test or exams) you should score 75 and above
NOTE: Failure to follow the rules will be punished
By Magreth – Leonard class IV teacher!

Respekt für die Älteren und füreinander wird gross geschrieben – die Klassenregeln werden mit allen Schülerinnen und Schülern vereinbart und im Klassenzimmer für alle sichtbar ausgehängt.

„Ohne unsere Schule hätten viele junge Kinder hier keinerlei Möglichkeit, eine Ausbildung zu erhalten.“

Lucy Wilfred

Lucy, können Sie uns bitte etwas darüber erzählen, wie und warum Sie Ihre Schule gegründet haben?
Sehr gern. Mein Mann und ich hatten erstmals 2013 die Idee, eine eigene Privatschule zu gründen, um das Bildungsniveau der Kinder hier in Arusha zu verbessern. Am Anfang waren es nur wir und ein paar wenige Kinder in unserem Haus, aber im Laufe der Zeit hat sich die Schule erheblich vergrössert und wird heute von mehr als 300 Schülerinnen und Schülern besucht. Die meisten davon zahlen Schulgeld, aber einige dürfen ihrer persönlichen Umstände geschuldet kostenlos am Unterricht teilnehmen. Aus heutiger Sicht kommt es mir sehr merkwürdig vor, dass mein Mann und ich jeden Morgen all unsere persönliche Habe aus unserem Schlafzimmer entfernen mussten, um es als Klassenzimmer nutzen zu können.

Wie ist die Schule heute aufgestellt?
Es handelt sich um eine gemischte Schule, mit Jungen und Mädchen von 3 bis 12 Jahren. Wir haben derzeit zwei Vorschuljahrgänge und vier Jahrgänge an der Grundschule. Im Jahr 2021 wird der älteste Jahrgang unserer Schülerinnen und Schüler die siebte und somit letzte Klasse erreichen und seinen zertifizierten Grundschulabschluss erlangen.

Wollten Sie sich schon immer im Bildungsbereich engagieren?
Das war schon immer mein Traum, ja. Ursprünglich wollte ich Geografielehrerin in der Sekundarstufe werden, aber es gab einen so offensichtlichen Bedarf an Vor- und Grundschulunterricht für Kinder aus der Gegend, dass ich stattdessen beschlossen habe, mich dieses Problems anzunehmen. Ohne unsere Schule hätten viele junge Kinder hier keinerlei Möglichkeit, eine Ausbildung zu erhalten. In partnerschaftlicher Zusammenarbeit mit der Regierung erziehen wir die nächste Generation; unser Unterrichtsmedium ist die englische Sprache. Meine Tätigkeit hat mit dem, was ich ursprünglich als Geografielehrerin wollte, nicht mehr viel gemein, da ich mit der Leitung der Schule nicht nur deren Verwaltung übernommen habe, sondern auch alle Fächer in allen Klassenstufen unterrichte.

Können Sie etwas über die Zusammenarbeit mit der Institution sagen, von der Sie Ihr Darlehen zur Erweiterung der Schule erhielten?
Es war eine grosse Hilfe – wir haben die Institution ursprünglich im Juli 2017 kontaktiert, da wir einen Waschraum und eine Küche für die Schule bauen wollten und zusätzlich einige der Klassenräume neu streichen und in neue Bücher und andere Lernmaterialien investieren mussten. Damals liehen wir uns rund 11 Millionen Tansania-Schilling (ca. 5.000 USD); das ermöglichte es uns, das Umfeld für die Kinder markant zu verbessern.

Und wie geht es mit der Kingdom-Schule weiter?
Ich führe derzeit Gespräche über die Aufnahme eines weiteren Darlehens, damit wir das Nachbargrundstück kaufen können, um zusätzliche Klassenräume zu bauen und die Schule zu erweitern. Wir wären gern in der Lage, mehr Klassen hinzuzufügen und mehr Kindern eine Ausbildung zu ermöglichen, und hoffen, dass uns dies bald gelingen wird.

Anfang

Lucy und ihr Mann unterrichten Kinder im Grundschulalter in ihrem Haus.

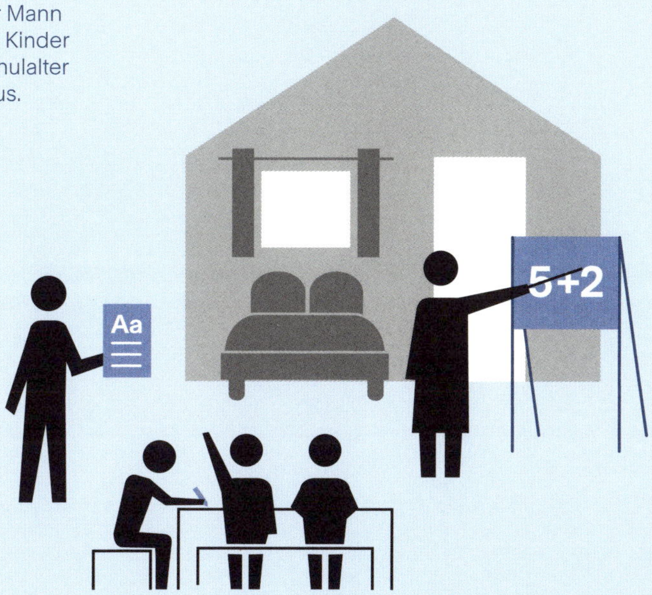

Jetzt

Die Kingdom Vor- und Grundschule ist gewachsen und nimmt nun mehr als 300 Schüler im Alter von 3 bis 12 Jahren auf.

Anfang

2
Lehrer

Wenige Schüler

Darlehen wurden investiert in

Lehrmaterial

Sanitäre Anlagen

Küche

Neuanstrich

Jetzt

9
Lehrer

300 +
Schüler

Aussicht

Wachstum

Simon

Gemüsebauer

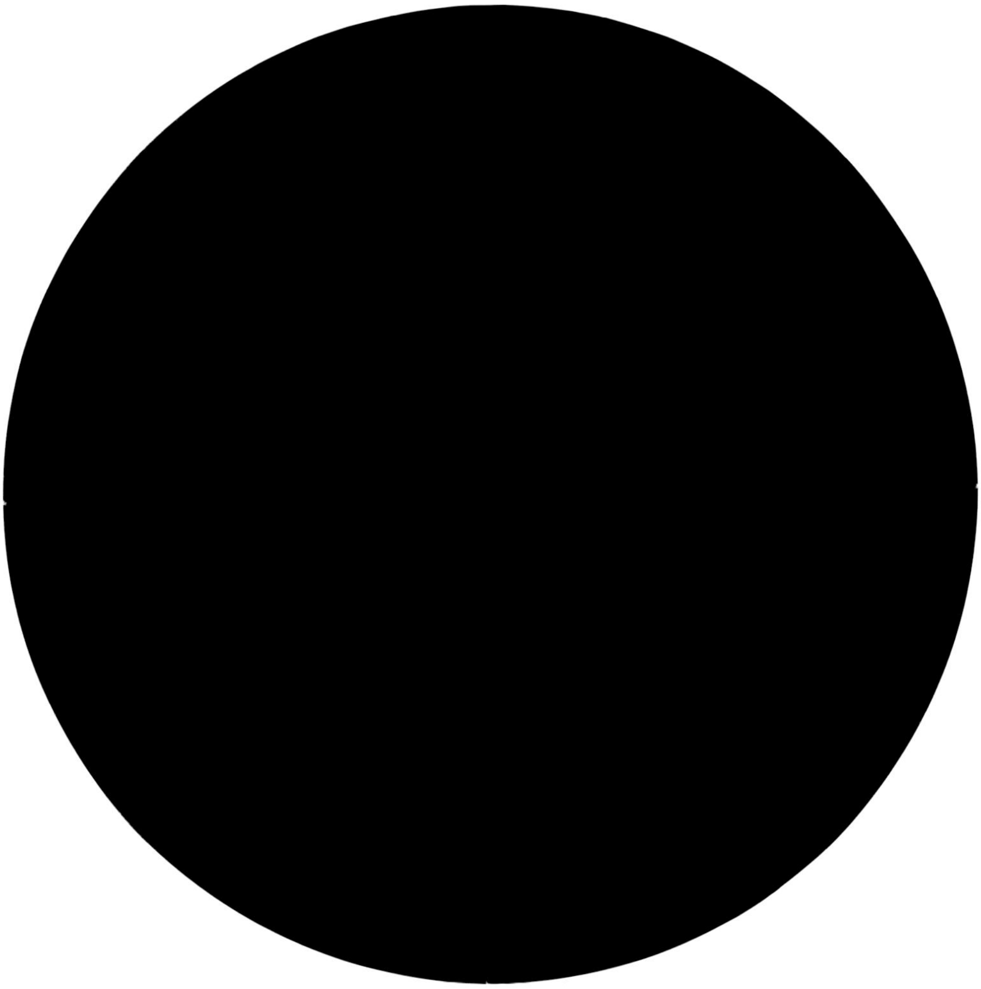

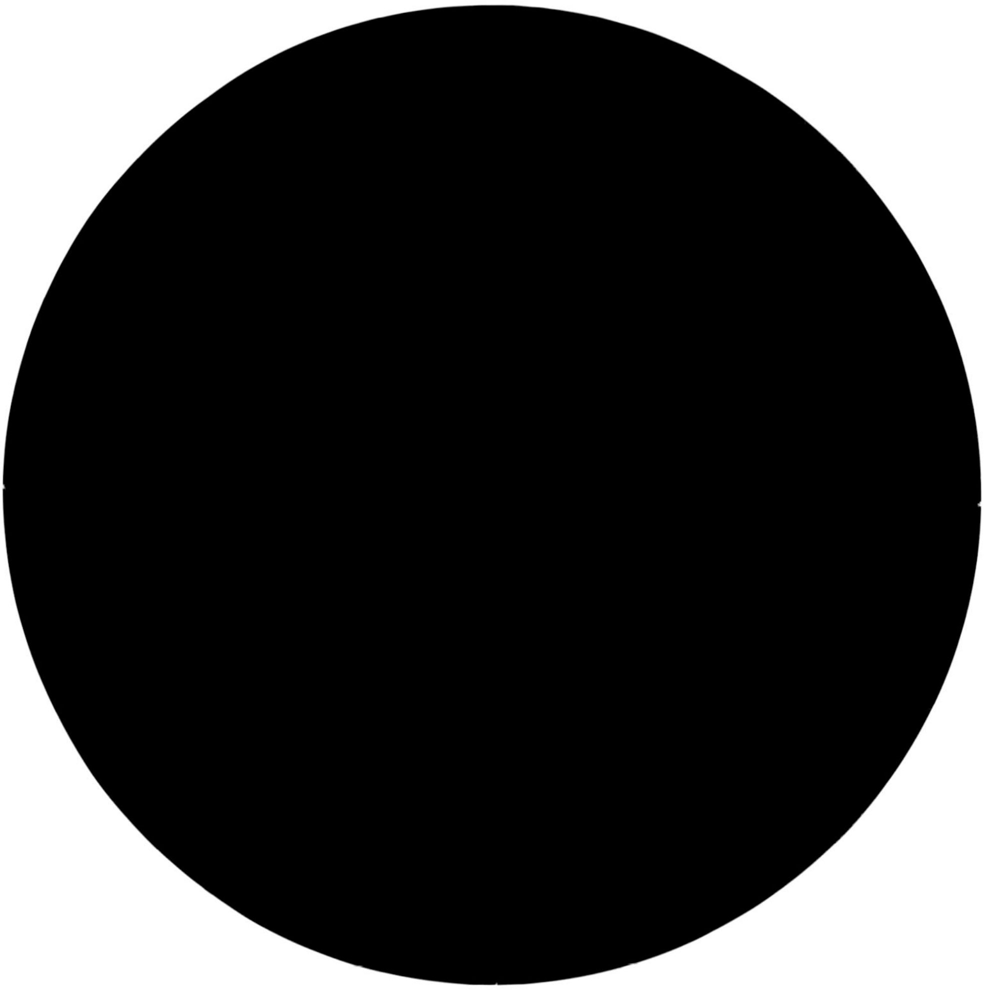

Simon Deogratus baut Gemüse an hinter sei
Haus in Moshono, Tansania, wo er mit seiner
Frau und seinen drei Kindern lebt. Als gelern
Buchhalter und Buchprüfer hatte er nicht ge
verdient, um seine Familie zu ernähren und s
Kindern eine gute Ausbildung zu ermögliche
Daher beschloss er im Jahr 2014, auf dem se
Besitz umgebenden Land Gartenbau zu betr
seitdem hat er sein Geschäft immer weiter a
gebaut. Simon ist ein Macher und ein gebore
Unternehmer, er ist Autodidakt und ein Vorbil
dafür, wie man etwas bewegen kann, wenn m
hart arbeitet und an das glaubt, was man tut.

„Manchmal spüre ich geradezu, wie sich der Klimawandel vollzieht.“

Simon Deogratus

Simon baut auf seiner Farm verschiedene Gemüsesorten an, darunter Gurken, Salat und Auberginen – hier schaut er gerade nach seinen Paprikapflanzen.

Nachdem er vor einigen Jahren mit nur einem Gewächshaus anfing, hat Simon in seinen Betrieb investiert und verfügt heute bereits über sechs eigene Gewächshäuser. In den kommenden Monaten plant er, weitere zu errichten.

„Es ist definitiv nicht immer einfach.“

Simon Deogratus

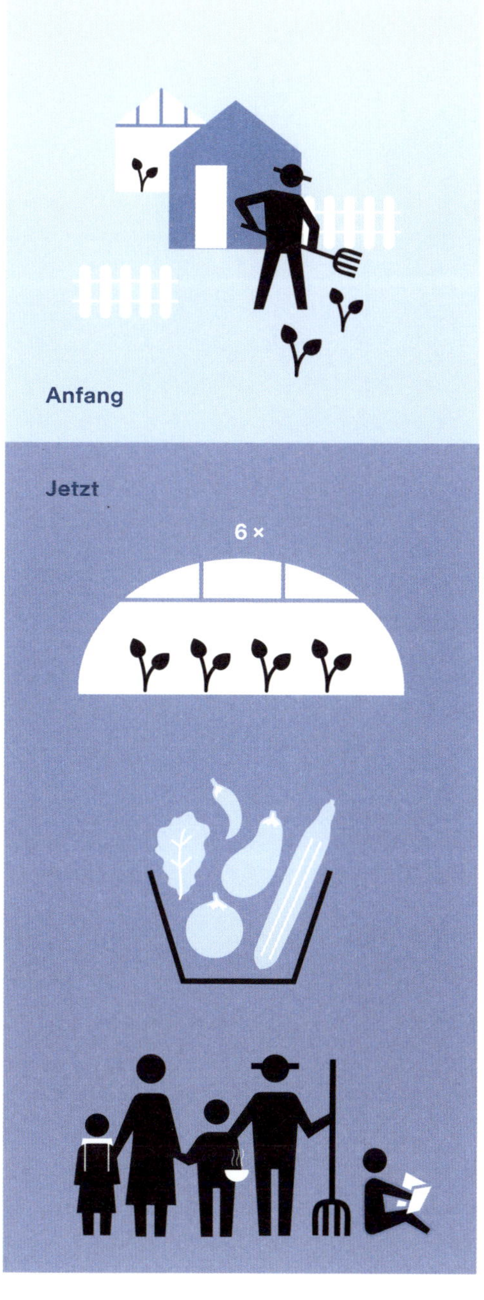

Simon, bitte erzählen Sie uns etwas über die Geschichte Ihres Unternehmens.
Vor einigen Jahren beschloss ich, auf dem Land um mein Haus herum Gartenbau zu betreiben. Damals hatte ich nur ein einziges Gewächshaus, und das hat mir enge Grenzen gesetzt, was die Erweiterung der Palette der von mir angebauten Pflanzen anbelangt. Im Jahr 2015 habe ich einen Kleinkredit beantragt, der es mir ermöglichte, weitere Gewächshäuser zu bauen und meine Produktpalette zu erweitern – heute baue ich alles an, von Gurken und Salat bis hin zu Paprika und Auberginen.

Wie viele Gewächshäuser besitzen Sie heute?
Im Moment habe ich sechs; das ist das Ergebnis von drei verschiedenen Kreditrunden. Ich möchte in den nächsten Wochen noch ein oder zwei weitere hinzufügen und auch einige der bereits vorhandenen aufstocken. Ich habe mit meinem persönlichen Kreditberater über die Aufnahme eines zusätzlichen Darlehens zur Deckung der Kosten gesprochen.

Mit welchen Herausforderungen hatten Sie zu kämpfen?
Es ist definitiv nicht immer einfach. Was uns hier stark trifft und den Anbau meiner Produkte ziemlich schwierig machen kann, ist der Temperaturanstieg. Manchmal spüre ich geradezu, wie sich der Klimawandel vollzieht und die Gewächshäuser zu heiss werden, um für die Pflanzen dort noch erträglich zu sein. Wir haben jedoch nicht tatenlos zugesehen – als Gegenmittel sprühen wir ein Gemisch aus Zitronenwasser auf das Dach der Gewächshäuser, das die Sonnenstrahlen reflektiert und verhindert, dass die Gewächshäuser zu heiss werden. Es ist meine persönliche Erfindung, und es hat sich herausgestellt, dass sie sehr gut funktioniert. Ich sollte sie mir patentieren lassen!

Haben Sie jemals daran gedacht, eine Versicherung abzuschliessen, die Sie vor den Auswirkungen der steigenden Temperaturen schützt?
Bis vor kurzem hatte ich diese Möglichkeit nie ernsthaft in Betracht gezogen. Jetzt allerdings hat mein Berater mir vorgeschlagen, meine Ernten für den Fall zu versichern, dass sie aufgrund steigender Temperaturen ausfallen oder beeinträchtigt werden sollten. Natürlich würde ich es immer vorziehen, meine Produkte verkaufen zu können, aber zumindest wäre ich auf diese Weise gegen die schlimmsten Eventualitäten abgesichert. Und die Kosten für die Versicherung sind wirklich niedrig.

Grace

Bäuerin

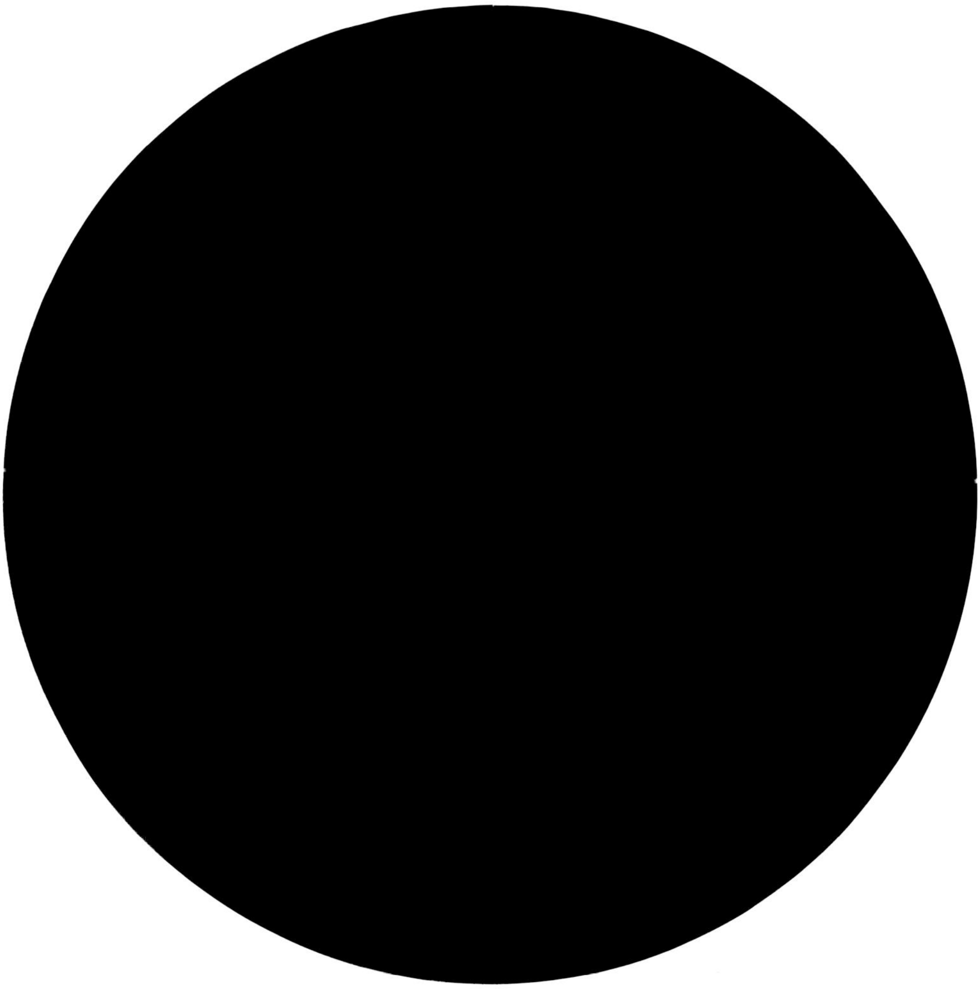

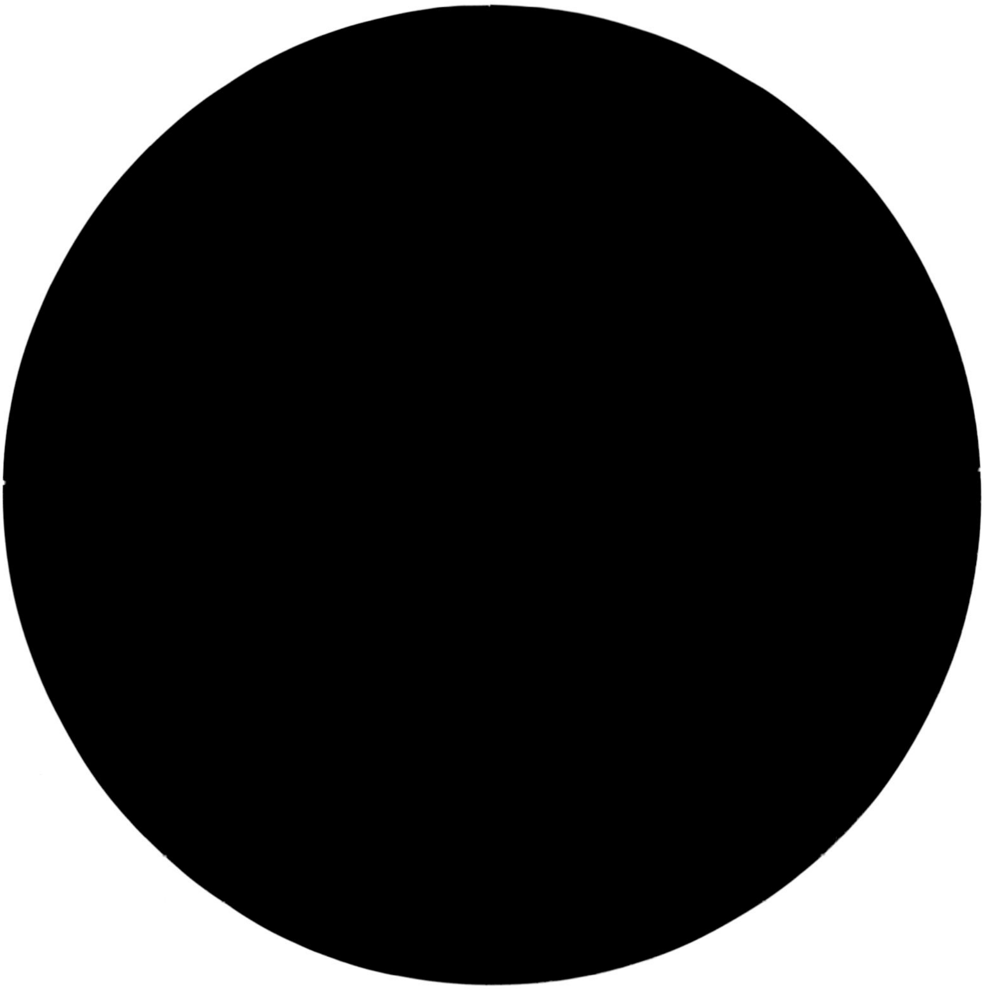

Grace Kissiri hat vor mehr als zwanzig Jahr ihrem Hinterhof mit Viehzucht begonnen. V nur wenigen Kühen begann, hat mehr und Fahrt aufgenommen und Grace konnte de trieb immer weiter ausbauen, so dass er jet Fische, Schweine, Bohnen und Mais umfas dient der ganzen Familie als grosses Vorbi eine sehr stolze und unabhängige Frau, di Wohlstand von Grund auf mit eigenen Hän und viel Ausdauer hart erarbeitet hat.

Grace konzentriert sich in erster Linie auf die Viehzucht – derzeit besitzt sie 13 Kühe und mehr als 50 Schweine – und baut ausserdem auf einigen ihrer Felder Mais und Bohnen an.

Dank acht Kreditrunden in den letzten 20 Jahren konnte sie ihr Geschäft erheblich ausweiten und ihr eigenes Haus bauen.

„Ich bin sehr stolz auf all das, was wir als Familie erreicht haben.“

Grace Kissiri

Grace, Sie führen Ihre Geschäft schon geraume Zeit – was hat sich für Sie im Lauf der Jahre verändert?
Wenn ich auf die Anfänge zurückblicke, war ich sehr jung und hatte bereits mehrere Kinder. Es war ziemlich schwierig, ohne ein solides Einkommen alles zu bezahlen, was sie brauchten, und ich fing gerade erst an, mir alles aufzubauen, so dass ich noch nicht so viel Geld verdiente, wie ich wollte. Die Zusammenarbeit mit einem Partner, der mir vertraute und mich mit einem Kredit unterstützte, machte dann den entscheidenden Unterschied. Sie ermöglichte mir den Zugang zu Krediten, um mein Geschäft schneller zu expandieren, als ich es allein hätte tun können.
Wie stehen die Dinge heute?
Besser, als ich es mir in diesen frühen Tagen je hätte vorstellen können. Ich besitze derzeit 13 Kühe und mehr als 50 Schweine, die ich auf einem Feld am anderen Ende des Dorfes halte. Ausser für das Vieh nutze ich einige der Felder zusätzlich für den Anbau von Bohnen und Mais, und wir haben auch einen kleinen Fischteich angelegt. Meine älteste Tochter studiert an der Universität. Sobald sie ihr Studium abgeschlossen hat, möchte sie das Geschäft übernehmen und die Dinge am Laufen halten, damit ich etwas kürzer treten und mich schliesslich zur Ruhe setzen kann.
Und Sie konnten auch Ihr Haus ausbauen?
Ja – darauf bin ich besonders stolz. Ganz am Anfang, als es zu Hause mit fünf kleinen Kindern sehr eng war, träumte ich von einem grösseren Haus, in dem wir mehr Platz hätten, und jetzt ist es Realität. Ich bin sehr stolz auf all das, was wir als Familie erreicht haben. Ohne die Unterstützung durch acht Darlehensrunden in den letzten 20 Jahren wäre dies nie möglich gewesen. Ich bin sehr dankbar für diese lang anhaltende Partnerschaft.

Ungleichheit

von Peter Harrison,
Konzernvorstandsvorsitzender von Schroders

Wenn Sie Ihr Arbeitsleben im Finanzwesen verbringen, mögen Sie sich fragen, wie diese Branche in die Welt passt. Welchen Einfluss haben wir?
Eine bestimmte Geschichte ist bei mir hängen geblieben. Saroam Toum in Phnom Penh, Kambodscha, erkannte eine Gelegenheit. Anstatt Müll von den Müllkippen zu sammeln, nahm sie einen Mikrofinanzkredit über 50 USD auf, um wiederverwertbaren Abfall direkt in den Geschäften zu sammeln. Dann lieh sie sich 500 USD, um zu expandieren; und dann 5.000 USD. Heute beschäftigt sie sechs Personen und hat einen Umsatz, der ausreicht, um sich selbst und ihre Familie aus der Armut zu befreien. Sie hat begonnen, eine der schwierigsten Herausforderungen unserer Zeit zu bewältigen – die Ungleichheit.
Von Grossstädten wie London und New York bis hin zu ländlichen Gemeinden in den Entwicklungsländern bleibt die Kluft zwischen den Reichsten und Ärmsten der Gesellschaft bestehen. Es gibt jedoch Grund zur Hoffnung: Die globale Ungleichheit ist zum ersten Mal seit über 150 Jahren rückläufig. Allerdings ist es auch eine Tatsache, dass mehr als 70 % aller Menschen heute in einem Land leben, in dem die Einkommensungleichheit zugenommen hat. Die UN-Ziele für nachhaltige Entwicklung (SDGs) stehen unter dem Leitprinzip ‚Niemanden zurücklassen'. SDG 10, das speziell auf die Verringerung von Ungleichheit abzielt, macht deutlich, warum dies für die Verwirklichung der übergreifenden Agenda für nachhaltige Entwicklung bis 2030 von entscheidender Bedeutung ist. Einfach ausgedrückt: Wir können den Planeten nicht erfolgreich zu einem besseren Ort für alle machen, wenn einigen Menschen nicht die gleiche Chance gegeben wird, davon zu profitieren.
Hier kann die Finanzindustrie Einfluss nehmen. Für viele dieser Personen ist das Problem nicht nur, dass sie weniger Geld haben, sondern dass sie gar keinen Zugang zu den grundlegenden Finanzdienstleistungen haben, die es ihnen ermöglichen würden, ihre Situation zu verändern. Mehr als 1,7 Milliarden Menschen weltweit sind derzeit ohne Bankkonto und haben keinen Zugang zu erschwinglichen Finanzdienstleistungen. Sie können weder für ihre Gesundheitsvorsorge aufkommen noch ihren Kindern eine anständige Ausbildung ermöglichen, und an die Gründung eines eigenen Unternehmens ist für sie gar nicht zu denken. Das ist inakzeptabel.

Peter Harrison

Finanzielle Inklusion ist zwar nicht der Königsweg zur Beendigung der Armut, dennoch ermöglicht es, in aller Welt einige der schwächsten Mitglieder der Gesellschaft in die Lage zu versetzen, eine Reihe von Bedürfnissen nachhaltig zu befriedigen. Sie wird von Organisationen wie der Weltbankgruppe als Schlüsselfaktor für die Verringerung extremer Armut und die Förderung gemeinsamen Wohlstands angesehen und wurde als wichtiger Faktor hervorgehoben, um sieben der SDGs zu erreichen. Es wurden inzwischen bedeutende Fortschritte auf dem Weg zu einem integrativeren System erzielt. Seit 2011 haben weltweit 1,2 Milliarden Erwachsene Zugang zu Finanzdienstleistungen erhalten. Es gibt jedoch zweifellos noch mehr zu tun, um die ehrgeizigen Ziele der UNO zu erreichen.

Bei der Ungleichheit geht es nicht nur um unterschiedliche Einkommen. Es gibt ungleiche Chancen aufgrund einer Vielzahl von Faktoren, darunter Alter, Geschlecht, ethnische Zugehörigkeit, Religion, sexuelle Orientierung und Behinderung. Dies kann sich nicht nur auf den Umfang der Ressourcen eines Individuums auswirken, sondern oft auch auf seine Lebenserwartung und den Zugang zu Dienstleistungen wie Gesundheitsversorgung, Bildung, Wasser und sanitären Einrichtungen. Weiterreichende Trends wie Klimawandel und Verstädterung haben für viele dieser Menschen Auswirkungen, durch die die Einschränkungen, die ihnen durch mangelnde Gleichberechtigung auferlegt sind, noch verschärft werden. Das ist der Teufelskreis, den die Ungleichheit schafft.

Obwohl wir zweifellos politische Veränderungen und die Unterstützung von Regierungen und zwischenstaatlichen Akteuren benötigen, sind dies keine Herausforderungen, die Organisationen des öffentlichen Sektors auf sich allein gestellt bewältigen können, insbesondere innerhalb des ehrgeizigen Zeitrahmens der SDGs. Aus diesem Grund muss Impact Investing eine Rolle bei der Förderung der finanziellen Eingliederung und der Bewältigung der Herausforderungen spielen, die zu Ungleichheit in all ihren Formen beitragen. Dies ist der Zweck einer solchen Finanzierung. Indem wir Kapital in Impact Investments lenken, ermöglichen wir positive Veränderungen.

Saroam ist der Inbegriff dieses Bestrebens. Ihr wurde ermöglicht, ihre eigene Zukunft zu verbessern. Millionenfach sollten Menschen die gleiche Chance erhalten.

Georgien

Georgien liegt an der Schnittstelle zwischen Osteuropa und Westasien und erklärte im April 1981 seine Unabhängigkeit von der Sowjetunion. Das Land ist für sein unternehmensfreundliches Klima bekannt und weist eine der höchsten BIP-Wachstumsraten in der Region auf. Allerdings sind Arbeitslosigkeit und Armut nach wie vor verbreitet und ein beträchtlicher Teil der Bevölkerung hat keinen Zugang zu Finanzdienstleistungen.

BIP-Wachstum

5,2 %
jährlich
1999–2019

Index der geschlechtsspezifischen Ungleichheit

75
von
189 Ländern

Armutsniveau

4,5 %
leben unterhalb der Armutsgrenze
(1,90 USD/Tag)

Glücksindex

117
von
153 Ländern

Fläche

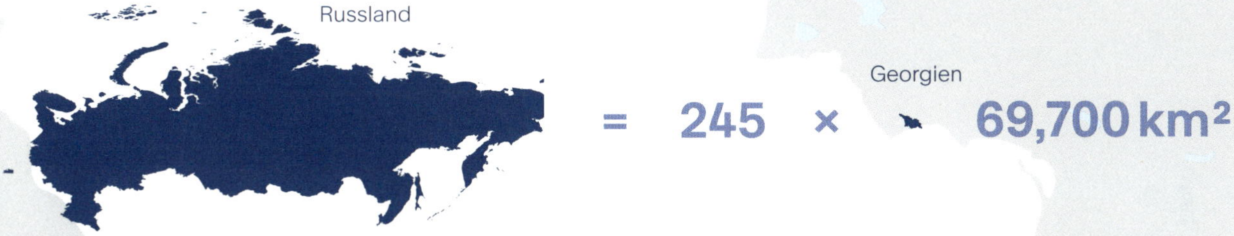

Aktuelle Einwohnerzahl

4 Millionen

Weltrang

Ökosystem und Biodiversität

49	12	4.300	16.054
Bodentypen	Klimazonen	Arten von Gefässpflanzen	Tierarten

Der Kaukasus weist im Weltmassstab eine besondere Artenvielfalt auf. Georgien nimmt nur ein Siebtel von dessen Fläche ein, beherbergt aber weit mehr als zwei Drittel aller dort lebenden Arten. Das sind fast 1 % aller Tier- und Pflanzenarten weltweit.

Alpine Zone bis Halbwüste

Kaukasischer Rhododendron

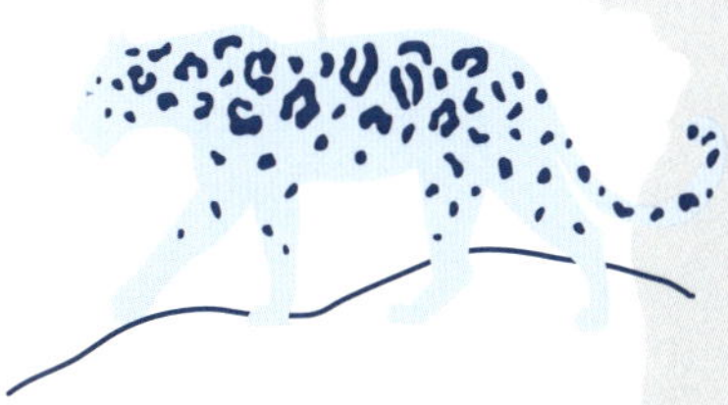

Kaukasusleopard

Bevölkerung

-12 %
Bevölkerungswachstum 2020–2050

8,7
Kindersterblichkeit auf 1.000 Lebendgeburten

3,3
Personen durchschnittliche Haushaltsgrösse

Klimawandel

42 %
aller Arbeitskräfte sind in der Landwirtschaft tätig und somit stark vom Klimawandel beeinflusst.

8 %
Prognose des Rückgangs des BIP/Kopf durch Klimawandel bis 2100

12.062
Menschen vom erwarteten Anstieg des Meeresspiegels bis 2100 betroffen

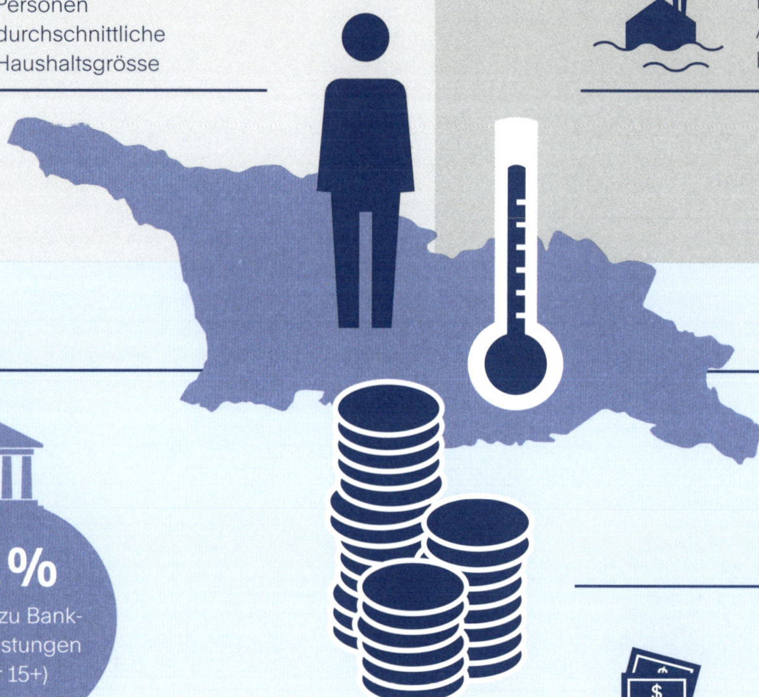

Wirtschaft

61 %
Zugang zu Bankdienstleistungen (Alter 15+)

18 Mrd. USD
Aktuelles BIP (Russland: 1.658 Mrd. USD)

15.636 USD
BIP/Kopf
Weltrang: 84

44
Internationaler Korruptionsindex, Platzierung von 198

56
Index der Partizipation und Verantwortlichkeit* auf einer Skala von 0–100

8,2 %
Landwirtschaft

23,7 %
Industrie

67,9 %
Dienstleistungen

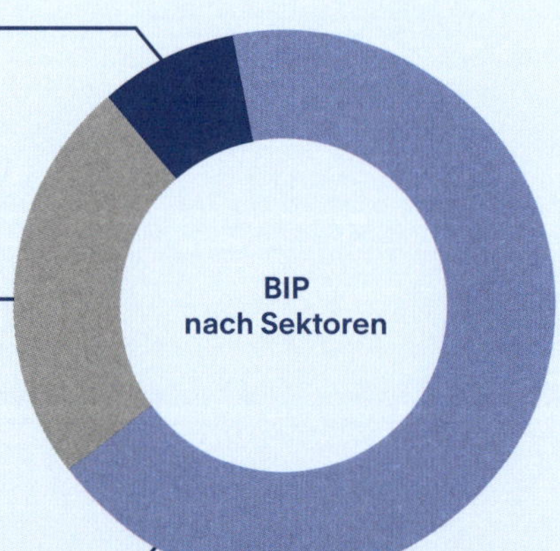

* Partizipationsmöglichkeit bei der Wahl der Regierung sowie Mass der Freiheit von Meinung, Versammlung und Presse in der Wahrnehmung der Bürgerrechte

Ungleichheit

* Der Gini-Index misst, wie weit die Verteilung der Einkommen von Haushalten oder Einzelpersonen einer Volkswirtschaft von der völlig gleichen Verteilung abweicht.

Gini Index 36,4

Zum weltweiten Vergleich: Slowenien 24,2 (bester Wert), Südafrika 63,0 (schlechtester Wert). Ein Gini-Index* 0 steht für absolute Gleichheit, eine 100 für maximale Ungleichheit.

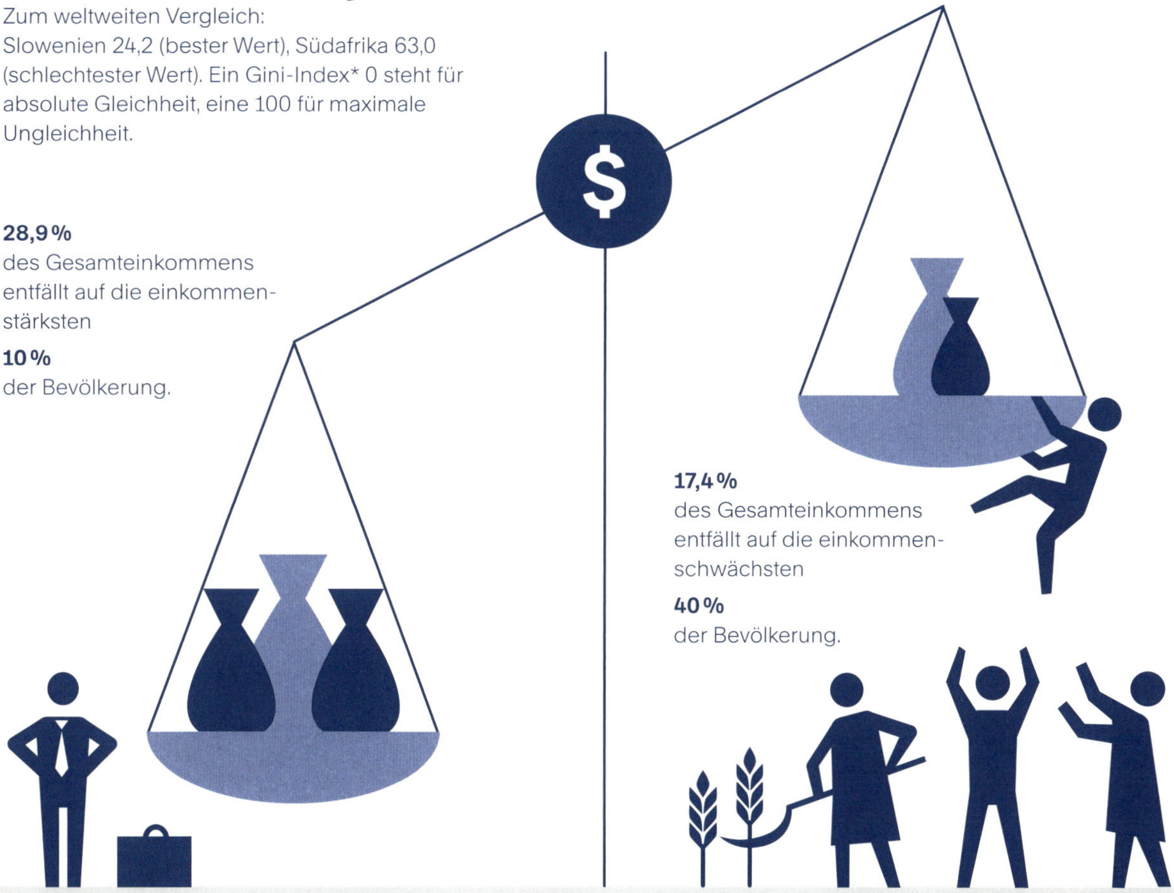

28,9 %
des Gesamteinkommens entfällt auf die einkommenstärksten
10 %
der Bevölkerung.

17,4 %
des Gesamteinkommens entfällt auf die einkommenschwächsten
40 %
der Bevölkerung.

** Von Ungleichheit besonders betroffen

Landwirtschaft**

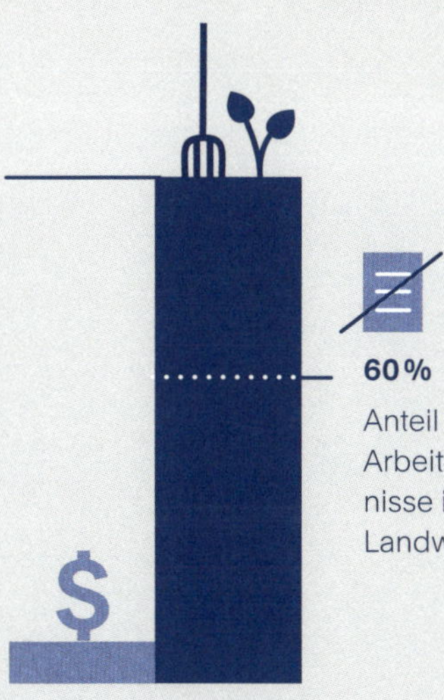

42 %
der Bevölkerung arbeiten in der Landwirtschaft

60 %
Anteil informeller Arbeitsverhältnisse in der Landwirtschaft

… aber der Sektor erwirtschaftet nur
8,2 %
des BIP.

Women**

55,5 %
der Frauen arbeiten in der Landwirtschaft.

42 %
weniger verdienen Frauen im Durchschnitt, wenn sie in informellen Arbeitsverhältnissen stehen.

Ländliche Bevölkerung**

23,7 %

leben in extremer Armut.

cafe
WINE BAR
TAXI
VOXY

Eine architektonische Mischung aus modernen und historischen Gebäuden erwartet den willkommenen Besucher; das Land ist für seine Gastfreundschaft bekannt. Hier treffen Elemente anatolischer, europäischer, persischer, arabischer, osmanischer und fernöstlicher Kulturen aufeinander. Die Georgier haben ein starkes Gefühl nationaler Identität, das dazu beigetragen hat, ihre einzigartige Kultur durch mehrere Phasen der Fremdherrschaft zu erhalten.

TAKRAF
LPG

Jemal

Früchteproduzent

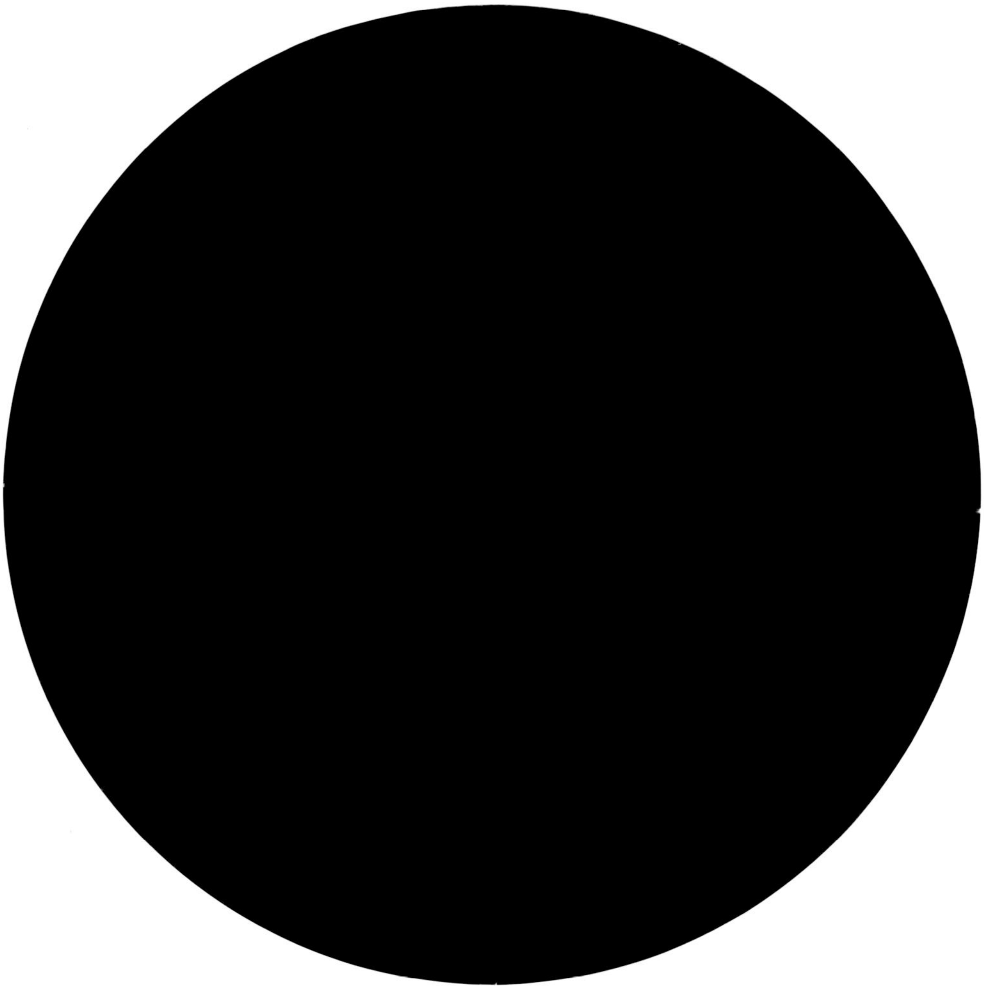

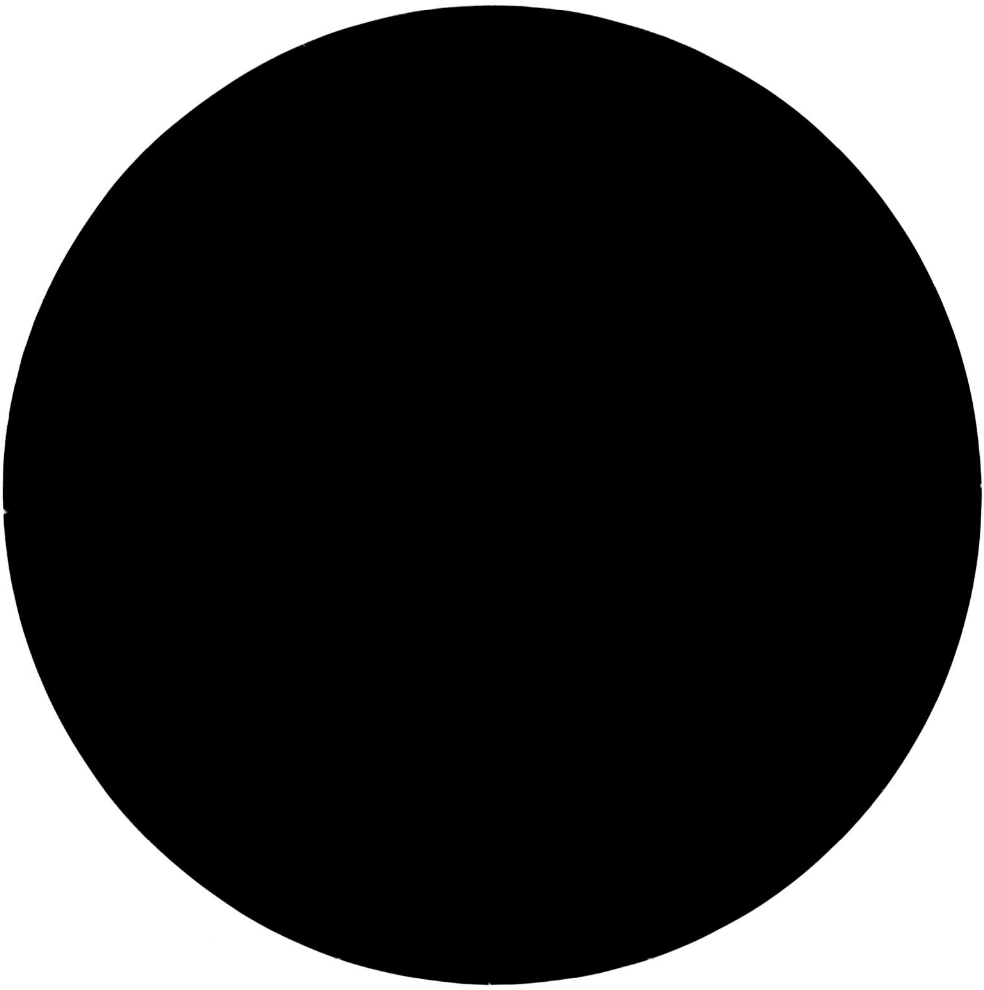

Jemal Bigvava ist Gründer und Eigentümer
Unternehmens, das Heilpflanzen und Trock
früchte produziert und vertreibt. Er hatte zu
Ingenieur in Abchasien gearbeitet, ist aber
wegen der Kriegswirren nach Georgien ge

In einer ruhigen Seitenstrasse gelegen, besteht Jemals Baracke aus einigen einfachen Räumen. Auf seinem Grundstück kann er Obst und Heilpflanzen anbauen und trocknen, die innerhalb Georgiens und international ihre Abnehmer finden.

ორგანიკი (ბიო)
ORGANIC

Jemal ist als Flüchtling nach Georgien gekommen, ohne eine Bleibe und mit sehr wenigen Besitztümern. Er hat mit der Unterstützung seiner lokalen Mikrofinanzinstitution aus dem Nichts ein erfolgreiches Geschäft aufgebaut.

„Ich wusste nicht viel über den Handel, aber ich lernte so viel wie möglich aus dem Internet.“

Jemal Bigvava

Jemal, könnten Sie uns erzählen, wie Sie Ihr Unternehmen gegründet haben?
Meine Familie und ich lebten früher in Abchasien. Ich habe dort viele Jahre als Ingenieur gearbeitet, bis das Gebiet 2008 von Russland besetzt wurde und Krieg ausbrach. Wir mussten das Land verlassen und kamen als Flüchtlinge nach Georgien. Hier kannten wir niemanden und mussten eine ganze Weile in einem Schuppen leben. Ich hatte anfangs wirklich Mühe, meine Familie zu ernähren – ich konnte keine Anstellung als Ingenieur oder überhaupt eine Arbeit finden und war sehr besorgt um unsere Zukunft. Da habe ich angefangen, verschiedene Früchte zu trocknen und sie auf dem örtlichen Markt auf der anderen Strassenseite zu verkaufen – ich wusste nicht viel über den Handel, aber ich lernte so viel wie möglich aus dem Internet.

Wie hat es funktioniert?
Viel besser als ich es erwartet hatte. Ich konnte ziemlich viel auf dem Markt verkaufen, was mir einen guten Start ermöglichte. Allerdings habe ich bei meiner Internetrecherche auch festgestellt, dass es eine Nachfrage nach grösseren Mengen der Produkte durch Grosshandelskunden gibt, insbesondere in Ländern wie Polen, Deutschland und der Ukraine, die die Produkte an ihre Kunden weiterverkaufen wollen. Dies ermöglichte es mir, das Geschäft stark auszuweiten – ich habe jetzt bis zu 10 Saisonarbeiter, die während der Haupternte- und Trockenzeit für mich arbeiten.

Was steht als nächstes für Ihr Unternehmen an?
Mein Hauptziel ist es im Moment, in eine Solarenergieanlage zu investieren, um unsere Abhängigkeit von schmutzigen Brennstoffquellen für die Maschinen, die wir benutzen, zu verringern – dies wird das Geschäft nachhaltiger machen und auch helfen, die Kosten zu senken. Wir möchten ausserdem damit beginnen, Blaubeeren und Kirschen nach Russland zu exportieren, so dass wir ein weiteres Grundstück und einige Kühlsysteme zu der Anlage hinzufügen können.

Sie erwähnen erneuerbare Energiequellen – ist der Klimawandel für Sie ein Thema?
Auf jeden Fall – wir haben festgestellt, dass sich der Klimawandel immer mehr auf das Geschäft auswirkt. Die Obstproduktion schwankt sehr stark und ist in den letzten Jahren mit den steigenden Temperaturen unzuverlässiger geworden. Ausserdem haben wir bemerkt, dass die Ernten von Jahr zu Jahr deutlich zurückgehen. Es gibt auch eine Reihe neuer Pflanzenkrankheiten, die wir vorher noch nicht kannten.

Anfang

Nachdem er aus seiner Heimat geflohen war, begann Jemal mit dem Verkauf von Trockenfrüchten auf dem lokalen Markt in Georgien.

Jetzt

Jemal und seine Mitarbeiter ernten jedes Jahr etwa 90 Tonnen Früchte und Blätter. 95 % seiner Ernte exportiert er nach dem Trocknen.

Anfang

Selbstständig

Verkauf auf lokalen Märkten

Darlehen wurden investiert in

Blaubeeren

Sanddorn

Hagebutten

Eukalyptus

Jetzt

Bis zu
10
Beschäftigte

Export in
4
Länder

Aussicht

Wachstum & Export

Nachhaltigkeit

Elene

Schneiderin

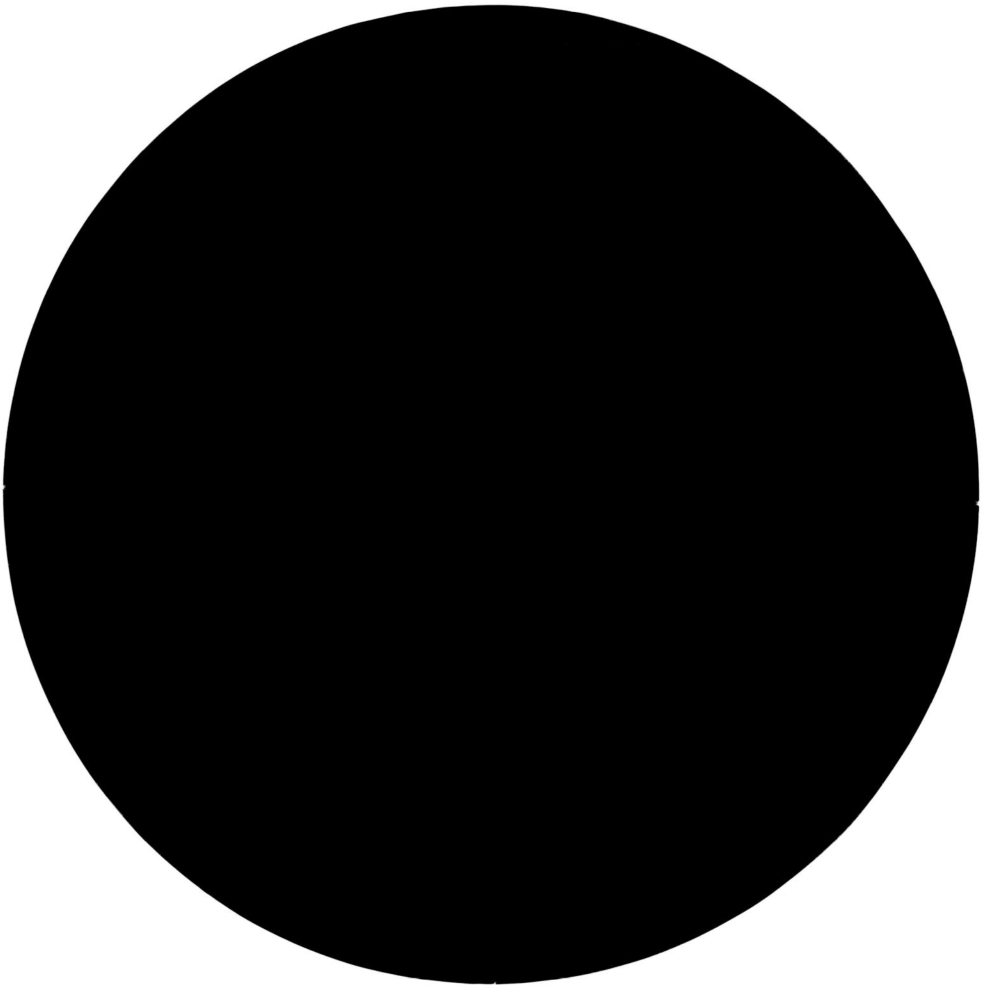

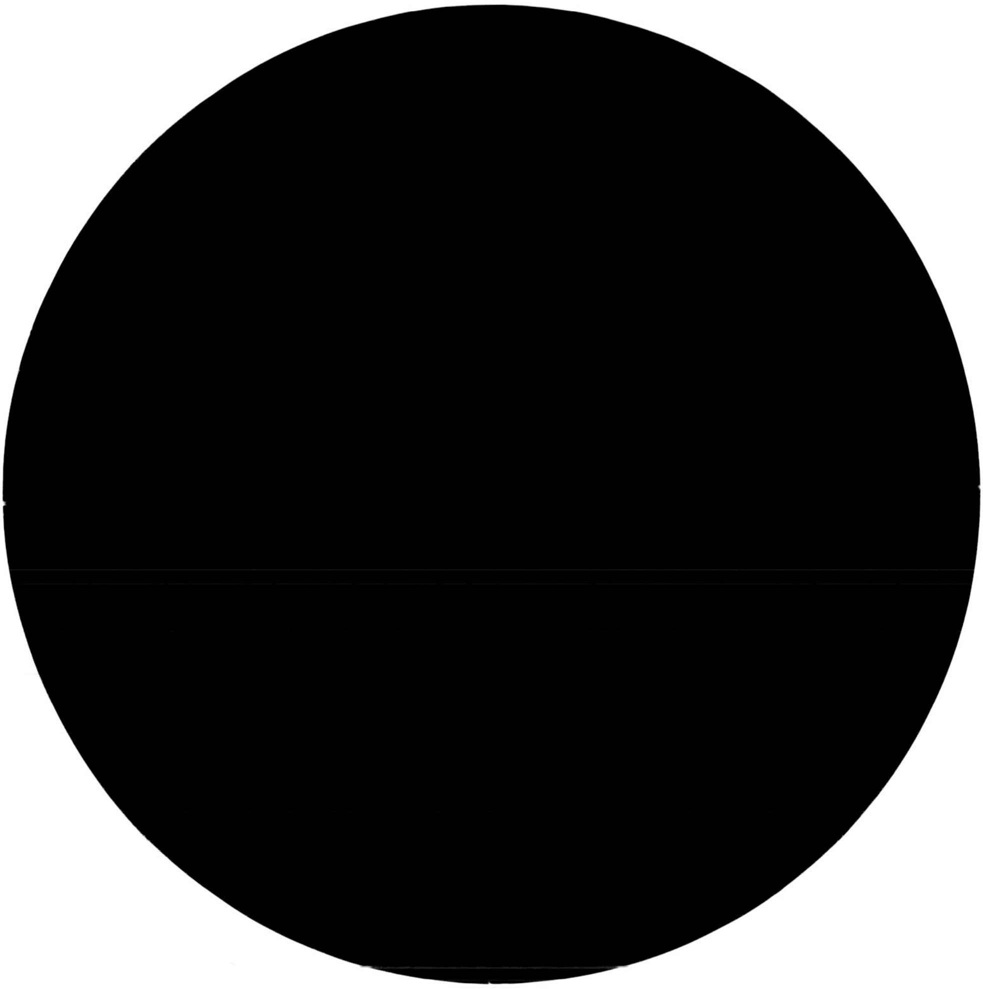

Elene Kiladze und ihr Ehemann Aluda grün
ihre Schneiderei mit dem Ziel, eine zuverläs
Einnahmequelle zu haben und ihren Traum,
nehmer zu werden, zu verwirklichen. Das Eh
hat sich zum Ziel gesetzt, seinen gesellscha
Stand zu verbessern und seinen Kindern ei
gute Ausbildung zu ermöglichen. Beide sin
stolze und selbstmotivierte Menschen.

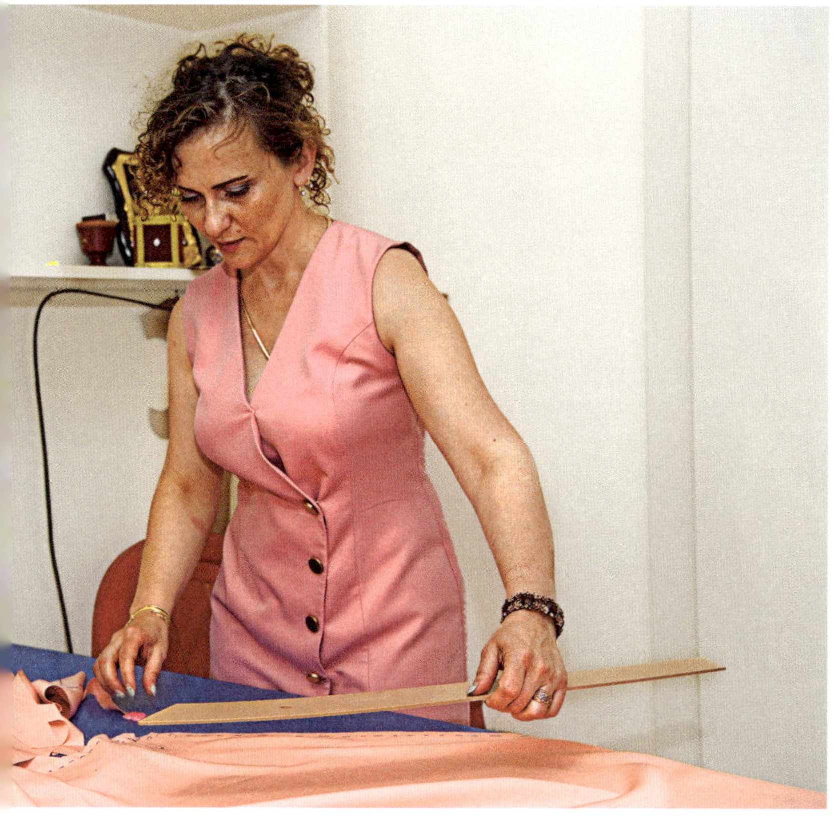

Elene fertigt in ihrer Schneiderei Kostüme, Brautkleider und Schuluniformen an. Kürzlich wurde sie sogar mit der Anfertigung von Soutanen für die katholische Kirche in Italien beauftragt.

Nachdem sie zuvor schlecht bezahlt als Ärztin im öffentlichen Gesundheitssystem gearbeitet hatte, ist sie nun mit ihrer eigenen Schneiderei in der Lage, ihre Familie ordentlich zu versorgen. Ihr Unternehmen ist seit einiger Zeit so erfolgreich, dass sie sogar zusätzliche Mitarbeiter anstellen konnte.

„Aber mehr noch hat es uns zu Unabhängigkeit und der Freiheit verholfen, endlich unseren Traum zu verwirklichen.“

Elene Kiladze

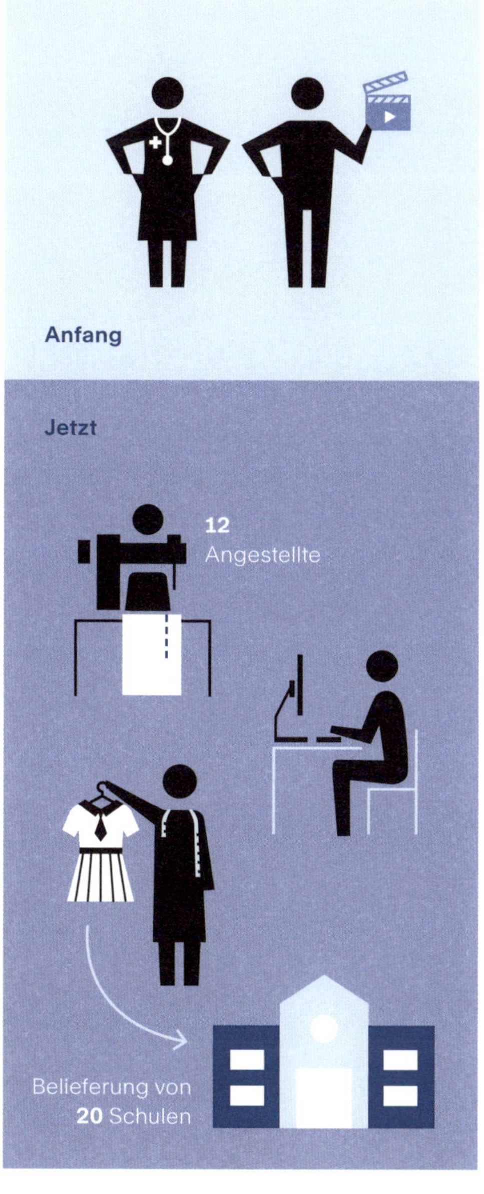

Elene, können Sie erklären, warum Sie ein eigenes Unternehmen gegründet haben?
Mein Mann hat mehr als 10 Jahre in der Filmindustrie gearbeitet, mit viel Leidenschaft und Hingabe. Aber es war keine Tätigkeit, mit der sich zuverlässig ein ausreichendes Einkommen erzielen liess. Ich selbst bin ausgebildete Ärztin und war im öffentlichen Sektor tätig, ebenfalls nicht besonders gut bezahlt. Daher dachten wir, dass ein unternehmerisches Standbein höhere Einnahmen und eine bessere Versorgung unserer Familie ermöglichen würde. Wir hatten immer schon davon geträumt, als Unternehmer auf eigenen Füssen zu stehen, und haben schliesslich den Schritt gewagt und als Nebengewerbe eine kleine Schneiderei aufgemacht.

Wie läuft das Geschäft jetzt?
Es ist gut gelaufen bisher. Wir stellen viele verschiedene Produkte her, haben uns aber vor allem auf Bereiche mit hoher Nachfrage konzentriert – beispielsweise Brautkleider und Schuluniformen. Wir fertigen jetzt Uniformen für mehr als 20 örtliche Schulen, und vor kurzem haben wir mit der katholischen Kirche in Italien über die Herstellung von Soutanen für deren Priester verhandelt – vielleicht werden wir eines Tages sogar Kleider für den Papst schneidern.

Wie hat Ihnen die örtliche Institution für Mikrofinanzierung geholfen, Ihr Geschäft zu erweitern?
Wir haben bisher sieben Kreditrunden in Anspruch genommen, die sehr hilfreich waren, um unseren Betrieb aufzubauen und zu expandieren. Wir beschäftigen inzwischen 12 Mitarbeiter, das hätten wir zu Beginn unserer Selbstständigkeit nie für möglich gehalten. Wir haben auch Kurse und Schulungen zur Kommerzialisierung des Betriebs besuchen können, die hilfreich waren, um unsere Ziele zu erreichen.

Und was hat das für Ihre Familie bedeutet?
Der Auf- und Ausbau unseres eigenen Unternehmens hat uns mehr finanzielle Stabilität gebracht, was grossartig ist – es hat uns ermöglicht, unsere beiden Kinder in Tiflis aufs College zu schicken, uns notwendige Versicherungen zu leisten und ein gutes gemeinsames Leben zu führen. Aber mehr noch hat es uns zu Unabhängigkeit und der Freiheit verholfen, endlich unseren Traum zu verwirklichen.

Vladimer

Besitzer von Gästehäusern

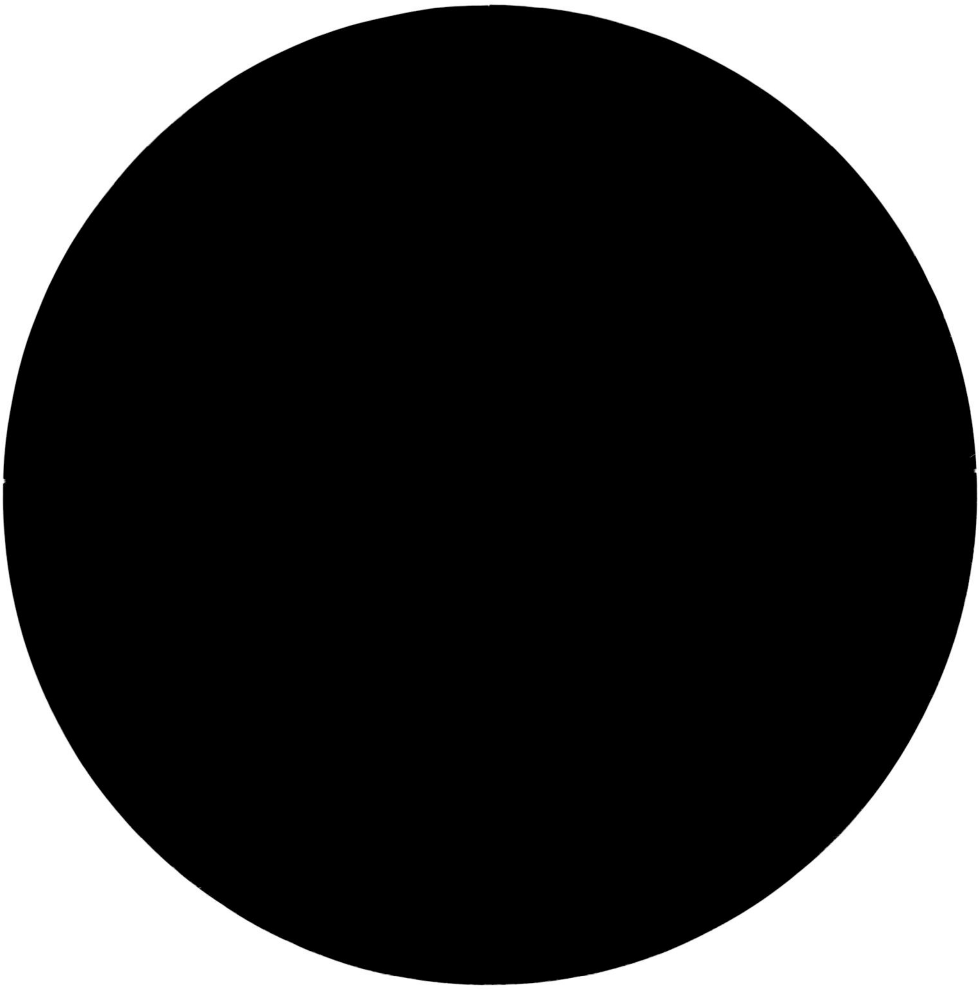

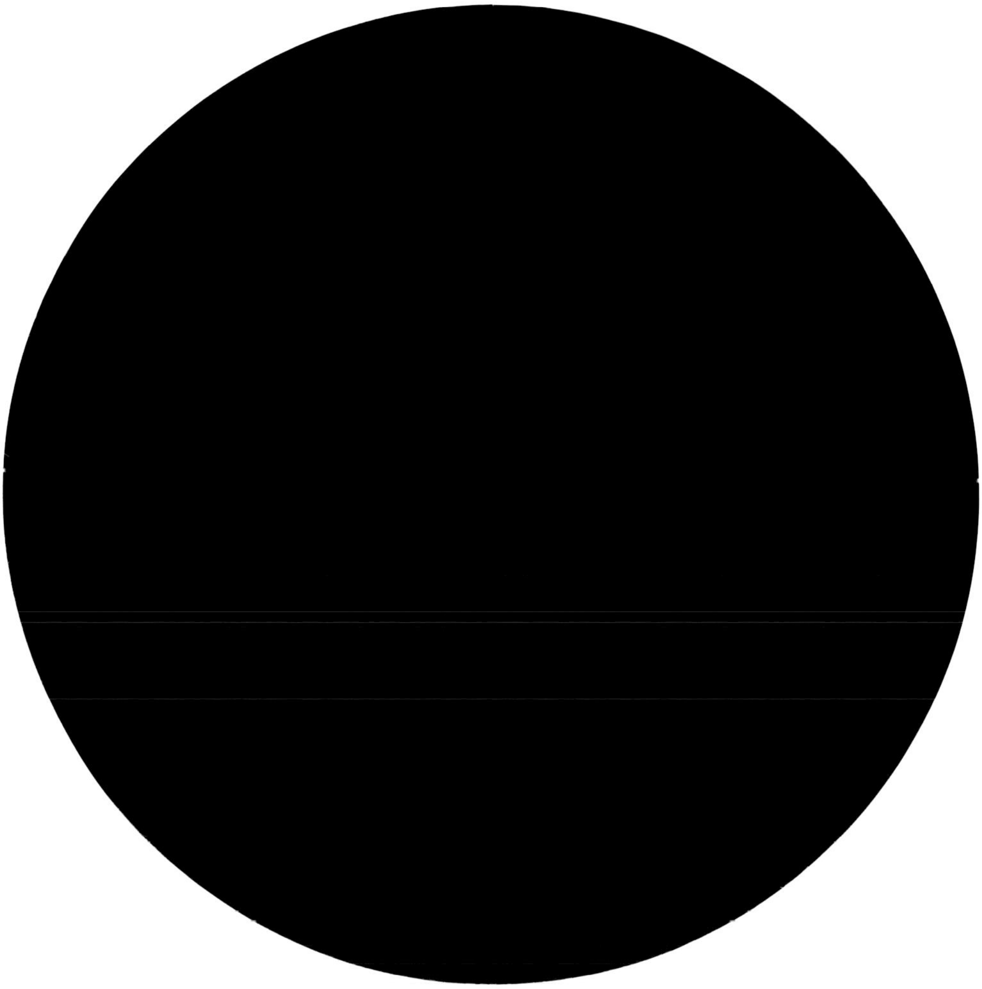

Vladimer Qarqashadze ist ein vielseitiger
Unternehmer, der gleich eine ganze Reihe v
unterschiedlichen geschäftlichen Aktivitäte
gemeinsam mit verschiedenen Freunden u
Familienmitgliedern aufgenommen hat. Vo
der Herstellung von Lederhandtaschen übe
Keltern von Wein und den Betrieb zweier kl
Gästehäuser ist er in vielen Bereichen unter
merisch tätig. Seine Geschäfte führt er von
seinem Haus in Kutaisi aus.

2

Vladimer hat zusammen mit seinem Vater zwei Gästehäuser errichtet und plant, in Zukunft noch mehr zu bauen, damit die Familie die Zahl ihrer Besucher erhöhen kann.

„Ich versuche, meine Geschäfte zu optimieren, indem ich andere so weit wie möglich einbeziehe.“

Vladimer Qarqashadze

Vladimer, können Sie etwas darüber erzählen, was Sie tun?
Mein Bruder und ich stellen gemeinsam handgefertigte Taschen aus feinem Leder und Holz her – unsere Marke namens Khilindari ist in verschiedenen Geschäften in Georgien und auch online erhältlich. Meine Familie hat mir auch geholfen, zwei Ferienhäuser zu bauen, die wir an Touristen vermieten. Und schliesslich keltern und vermarkten wir Wein aus den Trauben, die wir auf unserem eigenen Land anbauen.

Das klingt, als würden Sie die ganze Familie beschäftigen!
Unbedingt – es gibt viel zu tun, und ich versuche, meine Geschäfte zu optimieren, indem ich andere so weit wie möglich einbeziehe. Mein Vater ist für die Kelterei zuständig, mein Bruder und meine Schwiegereltern helfen in der Ledermanufaktur und meine Frau, Mutter und Schwester kümmern sich um die Gästehäuser, kochen und servieren den Gästen die Mahlzeiten. Es ist sehr wichtig für mich, meiner Familie helfen und sie versorgen zu können, und ich bin stolz darauf, dass die verschiedenen Geschäftszweige mir dies ermöglichen.

Und wie geht es für Ihre Geschäfte weiter?
Sobald ich meinen aktuellen Kredit abgezahlt habe, möchte ich ein weiteres Darlehen aufnehmen, damit ich von einem meiner Nachbarn ein zusätzliches Grundstück kaufen und eventuell weitere Gästehäuser bauen kann. Das würde bedeuten, dass wir mehr Gäste gleichzeitig unterbringen können, und wir könnten dann auch beginnen, Besichtigungstouren anzubieten. Hoffentlich könnte ich dann auch meinen Job in der Möbelwerkstatt aufgeben und mich vollständig selbstständig machen.

Förderung von Frauen

von Akie Abe,
ehemalige First Lady Japans

Ich möchte BlueOrchard Finance aufrichtig zu ihrem 20-jährigen Bestehen gratulieren. Die Ungleichheit der Geschlechter gilt seit vielen Jahren als eines der wichtigsten Themen in der internationalen Gemeinschaft, aber die Diskussion hat sich bislang auf begrenzte Aspekte wie das Wahlrecht der Frau und die Unterstützung der Entwicklungsländer konzentriert. Als mein Mann – der ehemalige japanische Premierminister Shinzo Abe – 2014 zum ersten Mal die Weltfrauenkonferenz in Tokio einberief, wurde die Nachricht, dass ein männlicher Führer eine internationale Konferenz zu Frauenfragen ausrichten würde, in verschiedenen Bereichen mit einiger Überraschung aufgenommen.
Heute haben wir gesehen, dass Diskussionen über geschlechterbezogene Themen und die Stärkung der Rolle der Frau zu einem gemeinsamen und herausragenden Merkmal internationaler Konferenzen und politischen Engagements geworden sind – ein Beweis für die Verbreitung, die diese Themen weltweit, auch in Japan, erlangt haben. Es ist deutlich geworden, dass jedes einzelne Land mehr tun muss, um eine Reihe von Geschlechterproblemen anzugehen, darunter die unzureichende gesellschaftliche Teilhabe von Frauen, die Ungleichbehandlung aufgrund von Geschlechtsunterschieden und die stereotype Wahrnehmung von Geschlechterrollen, um nur einige zu nennen. Unter diesem Aspekt ist die Diskussion von Geschlechterfragen aus einer breiten Perspektive ein relativ neuer Trend, und wir stehen erst am Anfang.
Bei der Förderung von Frauenrechten zur Verwirklichung einer geschlechtergerechten Gesellschaft ist es wichtig zu beachten, dass das Empfinden der Gleichheit von Natur aus subjektiv ist. Es kann sein, dass sich jemand als weniger gleichwertig fühlt, selbst wenn er nicht anders behandelt wird als andere. Das rührt zum Teil daher, dass Gleichstellung nicht einfach an dem gemessen werden kann, was man von aussen sieht. Die Definition ist vielmehr dehnbar und hängt von den Werten und Umständen der betreffenden Person ab. Wir können daher nicht die gleichen Kriterien auf verschiedene Länder und Regionen anwenden. Wenn wir eine geschlechtergerechte Gesellschaft schaffen wollen, ist es für alle Beteiligten und Befürworter von entscheidender Bedeutung, ein tiefes Verständnis und Respekt für die Feinheiten der Geschichte, Kultur, Tradition und Religion der jeweiligen Regionen zu erlangen. Wenn wir Fortschritte erzielen wollen, müssen wir die Stimmen aller Interessenvertreter aufmerksam hören.
Allerdings können traditionelle Kultur und die althergebrachten Werte, geltend gemacht durch das Verhalten und die Meinungen von Familienmitgliedern und Freunden, die Frauen abschrecken und sie daran hindern, wirtschaftliche Unabhängigkeit zu erlangen und ihre eigenen Vorstellungen vom Leben umzusetzen. Wenn es notwendig ist, die in Gesellschaften existierenden hinderlichen und unsichtbaren Codes zu ändern, ist es wichtig, einen Dialog mit den Menschen um die Frauen herum zu führen und sie zur Mitarbeit zu bewegen. In diesem Sinne sollte den Menschen bewusst sein, dass die Stärkung der Frauen auch ihnen selbst zugute kommt. Dennoch ist es nach wie vor schwierig, all dies allein über die

Akie Abe

Interessenvertreter zu erreichen, und deshalb ist manchmal ein Anstoss von aussen erforderlich. Was mich selbst betrifft, so konzentriere ich mich darauf, zusammen mit meinem Mann verschiedene Länder zu bereisen, und wo immer es sich einrichten lässt, suche ich aktiv nach Möglichkeiten, mit Bildungseinrichtungen für Frauen in Flüchtlingslagern, Berufsausbildungszentren für behinderte Frauen und Rehabilitationseinrichtungen für Frauen die eine Haftstrafe hinter sich haben, zusammenzuarbeiten, um ihnen eine Ausbildung zur Wiedereingliederung in die Gesellschaft zu ermöglichen. Ebenso strebe ich danach, mit Schulen und Universitäten, die Frauen aus armen Familien offen stehen, und mit Einrichtungen, die das Empowerment von Frauen fördern, in einen fruchtbaren Dialog zu treten. Ich will damit die Botschaft vermitteln, dass ich meine Gesprächspartner aus einem weit entfernten Land unterstütze. Oft bin ich jedoch dabei diejenige, die am meisten lernt und durch diese Besuche ermutigt wird.

Während ich diese Botschaft schreibe, steht die Welt dem unsichtbaren Feind des Coronavirus gegenüber. Bei Konflikten, Naturkatastrophen und der Ausbreitung von Seuchen sind die Menschen in sozial schwacher Position, darunter Frauen, Kinder, ältere und behinderte Menschen, als erste betroffen. Japan ist ein Land, das ständig von Naturkatastrophen bedroht ist, und das japanische Volk ist sich bewusst, dass die Zusammenarbeit und gegenseitige Hilfe zwischen den Gemeinschaften unabdingbar ist, unabhängig davon, ob man männlich oder weiblich ist. Die wirtschaftliche und soziale Stärkung der Frauen wird die Zahl der weiblichen Führungskräfte in der Region erhöhen und dazu beitragen, eine widerstandsfähigere Gemeinschaft aufzubauen. Dadurch kann die Gemeinschaft schneller reagieren, wenn sie mit einer Krise konfrontiert wird. In diesem Buch sind die Geschichten von Frauen in Asien und anderswo in der Welt enthalten, die die Möglichkeiten des Japan ASEAN Women Empowerment Fund genutzt haben, was mich als Japanerin sehr erfreut. Die sichtbare Form der Unterstützung durch Mikrofinanzierung und die Bereitstellung von Krediten ermächtigt Frauen wirtschaftlich und stärkt ihre Stimme. Nichtsdestotrotz sind diese Frauen nicht nur vom Schicksal begünstigt und hatten zufällig das Glück, Darlehen zu erhalten – sie inspirieren ihrerseits andere, Massnahmen zu ergreifen, um ihr Leben zu verändern und ihren Familien und Regionen zu helfen, indem sie Darlehen erhalten. Ich möchte all jenen weiblichen Individuen, deren Handlungen Auswirkungen auf die Beseitigung der unsichtbaren Grenzen der Ungleichheit hatten, meine aufrichtige Wertschätzung und meinen Respekt aussprechen.

Lassen Sie mich abschliessend das Wichtigste hervorheben: Die Förderung einer einzelnen Frau ist nicht nur zu ihrem individuellen Vorteil, sondern führt auch zur Stärkung der Gemeinschaft, zu der sie gehört. Um künftig sicherzustellen, dass immer mehr Frauen in Asien und in der ganzen Welt ihr eigenes Leben in Würde führen können, werden wir auch in Zukunft gemeinsam lernen und handeln, um einen günstigen Rahmen zu schaffen, zu dem auch die Mikrofinanzierung gehört.

Indien

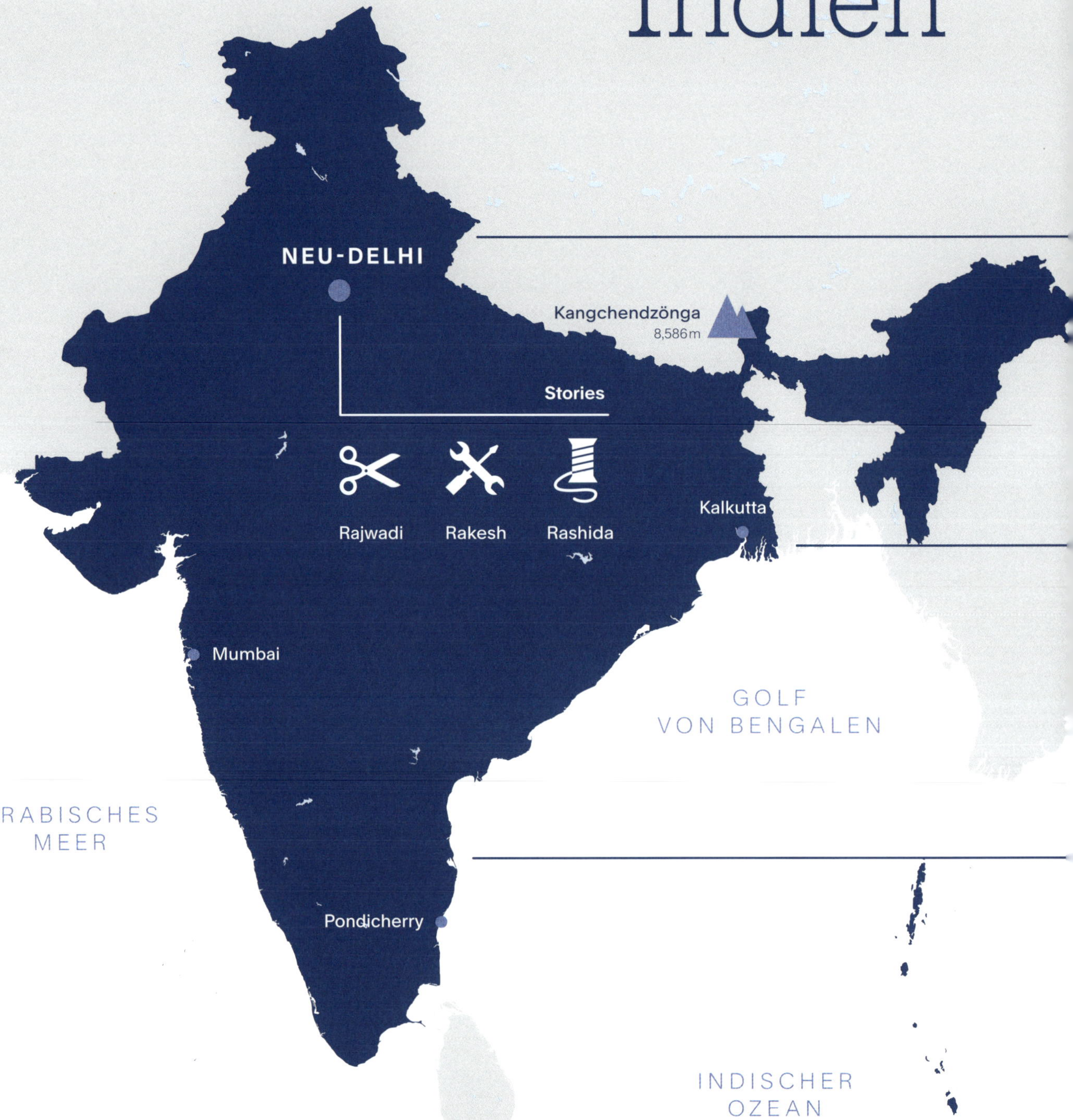

Indien ist die bevölkerungsreichste Demokratie der Welt und beheimatet eine der grössten Mikrofinanzindustrien der Welt. Es verfügt über eine beträchtliche ländliche Bevölkerung und eine relativ geringe Durchdringung mit Finanzdienstleistungen ausserhalb der städtischen oder halbstädtischen Gebiete. In den letzten Jahren weist Indien ein bedeutendes Wirtschaftswachstum auf, eine hohe Expansion im Technologiesektor sowie einen bemerkenswerten Anstieg der Alphabetisierungsrate.

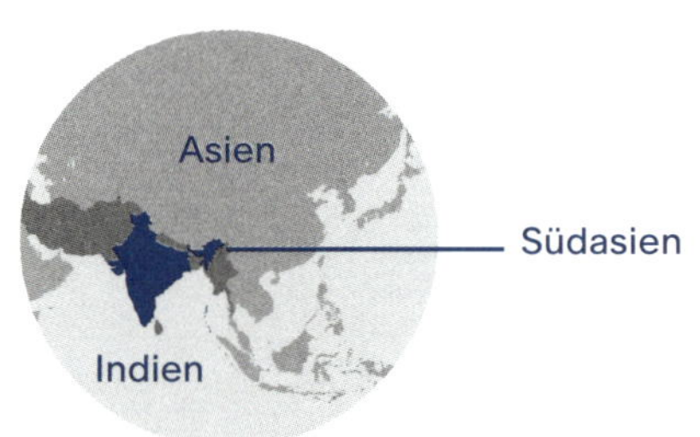

BIP-Wachstum

6,6 %
jährlich
1999–2019

Index der geschlechtsspezifischen Ungleichheit

122
von
189 Ländern

Armutsniveau

21,1 %
leben unterhalb der Armutsgrenze
(1,90 USD/Tag)

Glücksindex

144
von
153 Ländern

Fläche

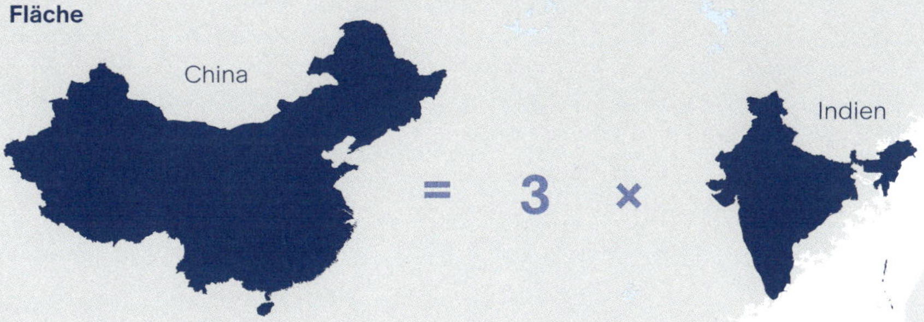

= 3 ×

2.973.193 km²

Aktuelle Einwohnerzahl

1,38 Milliarden

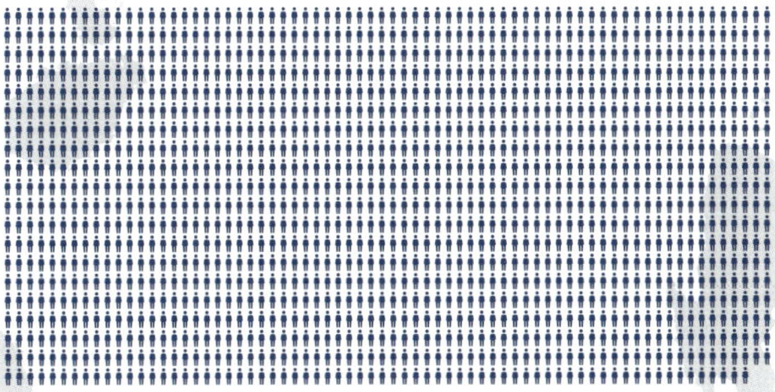

Weltrang

Erfindungen und Entdeckungen

Vorgeschichtliche Zahnbehandlung
7000 v. Chr.

Toilettenspülung
2500 v. Chr.

Lineal
2400 v. Chr.

Knöpfe
2000 v. Chr.

Eine frühe Form des Schachspiels
~ 500

Pi und Null
~ 500

Wasser auf dem Mond
2008

Indien ist eine der ältesten Zivilisationen der Welt mit sowohl kulturell als auch wissenschaftlich und technologisch reichem Erbe. Viele bedeutende Erfindungen und Entdeckungen haben ihren Ursprung in Indien.

Bevölkerung

19 %
Bevölkerungswachstum 2020–2050

30
Kindersterblichkeit auf 1.000 Lebendgeburten

4,6
Personen durchschnittliche Haushaltsgrösse

Klimawandel

42 %
aller Arbeitskräfte sind in der Landwirtschaft tätig und somit stark vom Klimawandel beeinflusst.

92 %
Prognose des Rückgangs des BIP/Kopf durch Klimawandel bis 2100

27.095.218
Menschen vom erwarteten Anstieg des Meeresspiegels bis 2100 betroffen

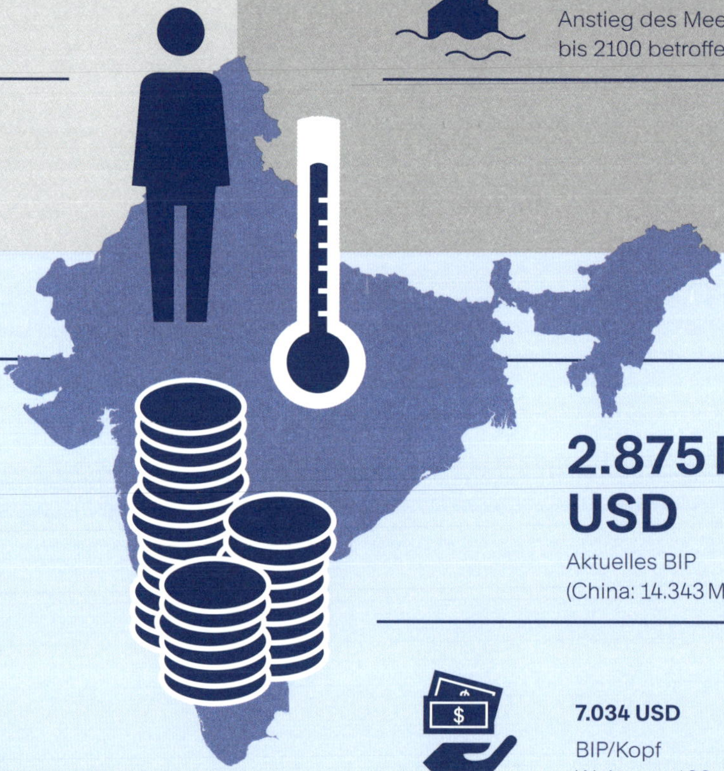

Wirtschaft

17,6 %
aller Arbeitskräfte haben mindestens Facharbeiterausbildung.

15,9 %
Landwirtschaft

29,7 %
Industrie

54,4 %
Dienstleistungen

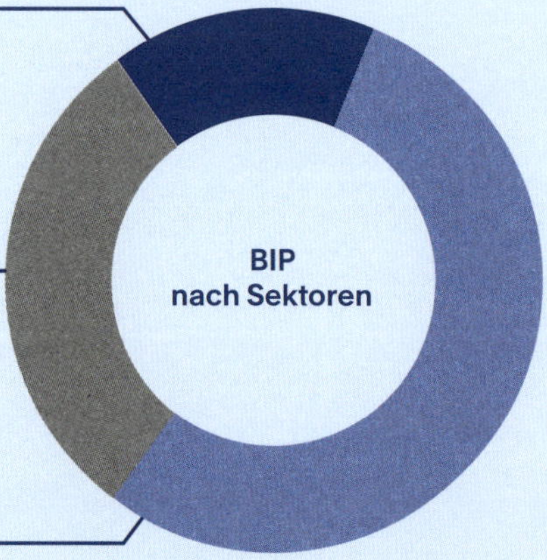

2.875 Mrd. USD
Aktuelles BIP
(China: 14.343 Mrd. USD)

7.034 USD
BIP/Kopf
Weltrang: 126

80
Internationaler Korruptionsindex, Platzierung von 198

60
Index der Partizipation und Verantwortlichkeit* auf einer Skala von 0–100

* Partizipationsmöglichkeit bei der Wahl der Regierung sowie Mass der Freiheit von Meinung, Versammlung und Presse in der Wahrnehmung der Bürgerrechte

* Südasien ** Indien

Für Frauen gefährlichstes Land N°1 Indien

Eine globale Umfrage unter 550 Experten für Frauenrechte hat versucht, mit Hilfe einer Rangfolge in 6 Schlüsselbereichen die 10 für Frauen gefährlichsten Länder der Welt zu ermitteln.

6 Schlüsselbereiche – indische Frauen sind gefährdet durch

1 kulturelle Traditionen

2 Menschenhandel

3 sexualisierte Gewalt

4 nicht-sexualisierte Gewalt

5 Diskriminierung

6 Mängel des Gesundheitswesens

Frauenanteil Partizipation & Führungspositionen

Gewalt

29 %
der Frauen halten es für vertretbar, dass ein Mann seine Frau schlägt, wenn sie ihm widerspricht.

30 %
der Frauen im Alter von 15–49 Jahren sind schon körperlicher Gewalt ausgesetzt gewesen.

Alphabetisierungsgrad

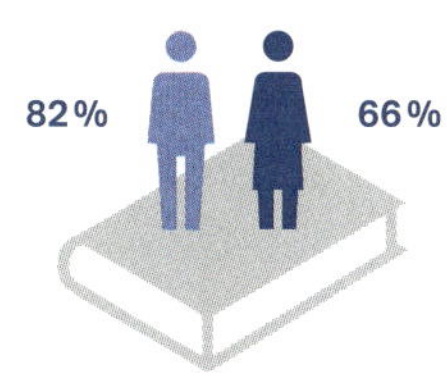

Eigentumsrechte

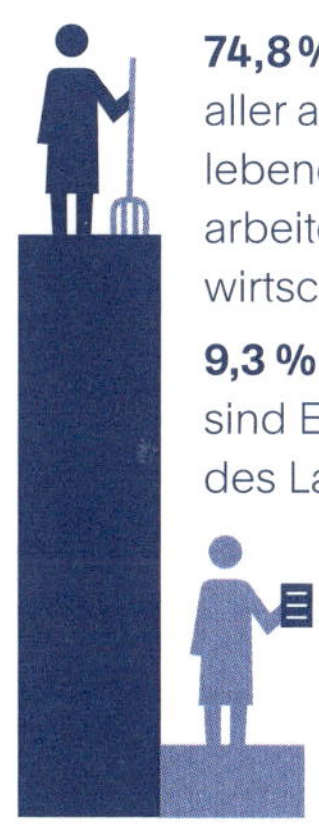

74,8 %
aller auf dem Land lebenden Frauen arbeiten in der Landwirtschaft, aber nur

9,3 %
sind Eigentümerinnen des Landes.

Trans Delhi
Signature City
UP17 Q 6912

SR

Lot No.
Grade
Weight
SKL
BANANA

न्यता प्राप्त
प्रवेश प्रारम्भ
कूल

Indien – ein riesiges und dicht besiedeltes Land mit einer Vielzahl von Sprachen, Religionen und Kulturen – ist die bevölkerungsreichste Demokratie der Welt. Äusserst vielfältig ist auch die physikalische Geographie des Landes, das im Laufe der Geschichte zahlreiche Erfindungen und Innovationen hervorgebracht hat, darunter die Algebra und das Schachspiel.

076813783, 9891121056
.M FINANCE
ही लोन
पर्सनल लोन
प्रॉपर्टी लोन

NAVY SEAL
USN
BOT

INDIA GATE

Rajwadi

Näherin

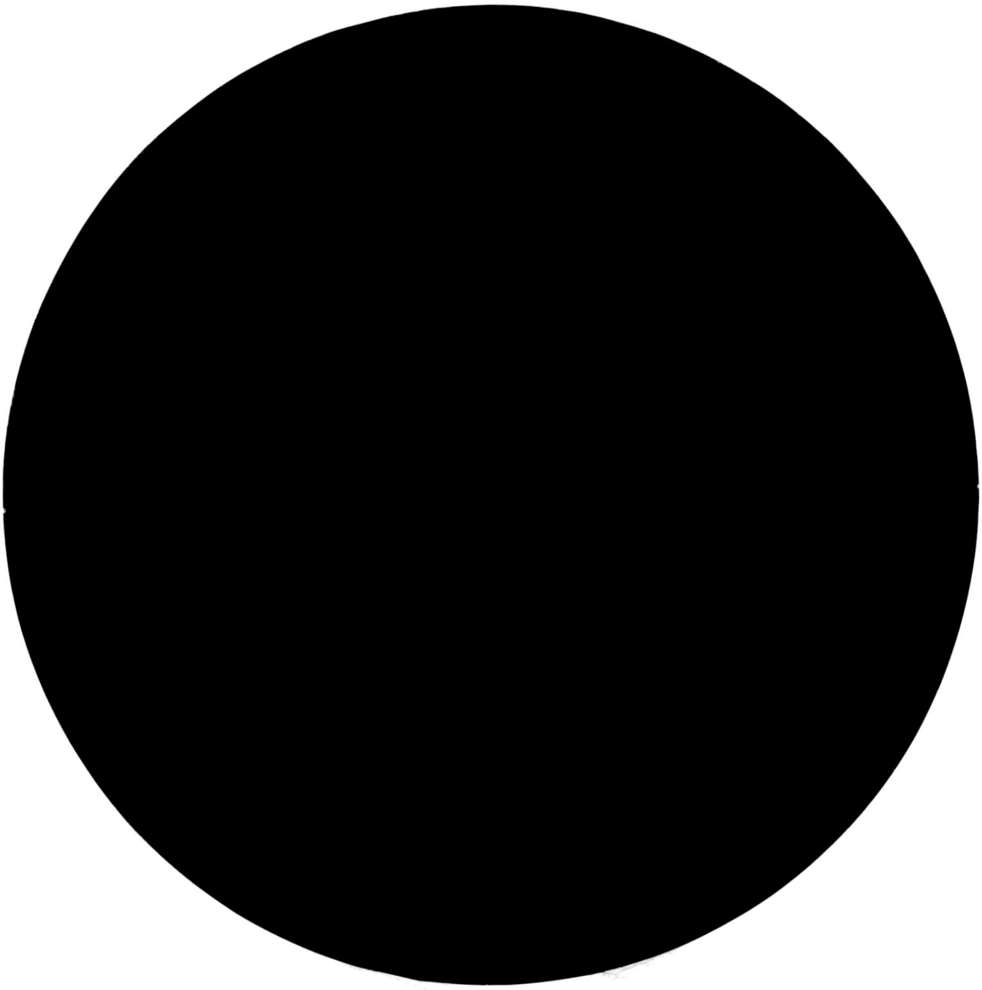

Rajwadi ist eine von neun Frauen, die in N
Indien, als Haftungsgemeinschaft ein Gru
Darlehen aufgenommen haben. Die Grup
sich alle zwei Wochen mit ihrem Kreditbe
um ihre Geschäftsaktivitäten zu besprech
Rückzahlungen zu leisten, entweder in ba
über ein bargeldloses Zahlungssystem.

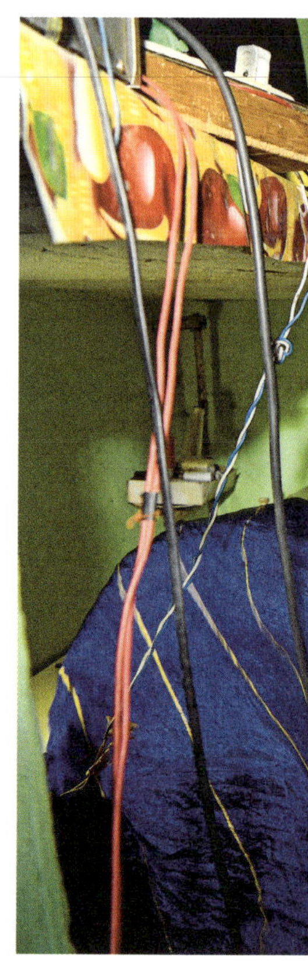

Rajwadi führt durch ihre Werkstatt, zeigt die Maschinen, in die sie dank der Darlehen investieren konnte, und erklärt, was dies für sie und ihre Familie bedeutet.

JACK

Das Modell des Gruppen-darlehens ist repräsentativ für den in Indien häufig anzutreffenden Gemeinschaftsgeist und verdeutlicht die Verantwortung, die die daran beteiligten Frauen übernehmen, um untereinander sich und ihren Familien zu helfen.

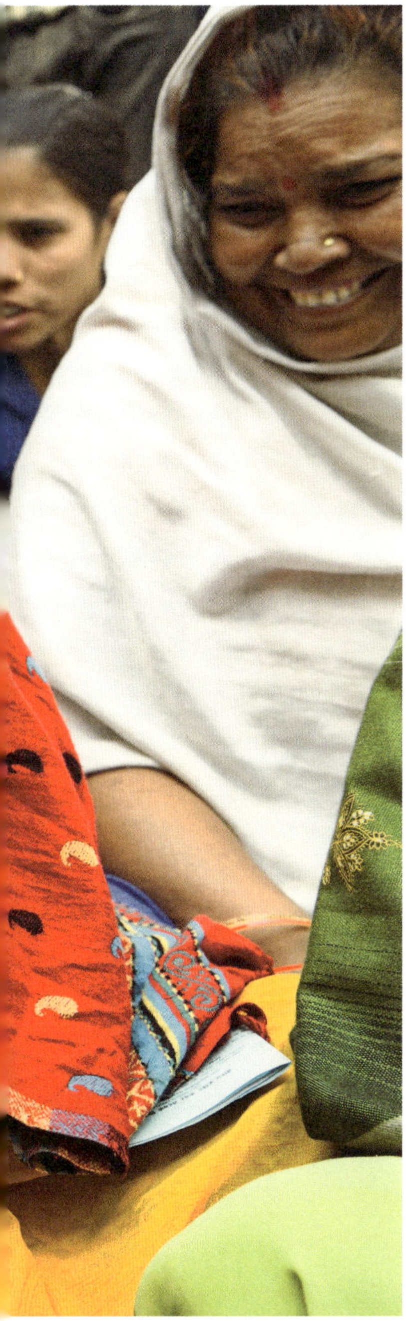

„Es ist in Indien nicht immer leicht für Frauen, selbstständig zu arbeiten, und das Darlehen hat mir dabei sehr geholfen.“

Rajwadi

Rajwadi, können Sie uns etwas über das Gruppendarlehen und seine Funktionsweise sagen?
Wir sind neun Frauen, die hier in der Stadt verschiedene Gewerbe betreiben – von der Schneiderei über Landwirtschaft bis hin zu Kosmetik. Wir sind alle Nachbarinnen und wollten in unsere Geschäfte investieren, um expandieren und erfolgreicher werden zu können. Jede für sich brauchte gar nicht so viel Geld, aber wir hatten einzeln keinen Zugang zu traditionellen Darlehensformen. Also haben wir beschlossen, gemeinsam einen Gruppenkredit zu beantragen; so haben wir Zugang zu einem grösseren Kredit, und jede kann das in Anspruch nehmen, was sie für ihr Unternehmen braucht.

Ist es einfacher für Sie, es auf diese Weise zu tun?
Auf jeden Fall. Da das Darlehen mit gesamtschuldnerischer Haftung vereinbart worden ist, stehen wir kollektiv in der Verantwortung für dessen Rückzahlung. Das bedeutet für jede einzelne von uns eine Entlastung. Und wenn eine von uns aus irgendeinem Grund Schwierigkeiten hat, ihre Rückzahlung zu leisten, können die anderen aushelfen und sie kann es uns zurückzahlen, wenn es für sie etwas einfacher ist. Ausserdem: Weil wir den Kredit als Gruppe aufnehmen, wird uns vom Kreditgeber ein besserer Zinssatz angeboten, als wenn wir jede für sich viele kleinere Kredite beantragen.

Und Sie treffen sich regelmässig als Gruppe?
Ja – wir alle treffen uns mindestens jede zweite Woche, und unser Kreditberater kommt dazu. Wir nutzen die Zeit, um unsere regelmässigen Rückzahlungen zu leisten, aber auch, um darüber zu sprechen, wie unsere Geschäfte laufen und wie es uns allen geht. Manchmal können wir uns gegenseitig Ratschläge geben oder der Kreditberater kann Vorschläge zu Dingen wie Schulung und Ausbildung machen, die uns helfen könnten, noch erfolgreicher zu sein.

Was bedeutet es für Sie, diesen Kredit in Anspruch nehmen zu können?
Es ist sehr wichtig für mich – damit konnte ich mein Geschäft ausweiten und zu meinem Haushalt beitragen, um meine Familie zu ernähren. Es ist in Indien nicht immer leicht für Frauen, selbstständig zu arbeiten, und das Darlehen hat mir dabei sehr geholfen.

Anfang

Rajwadi arbeitete als Soloselbstständige mit begrenzten finanziellen Möglichkeiten.

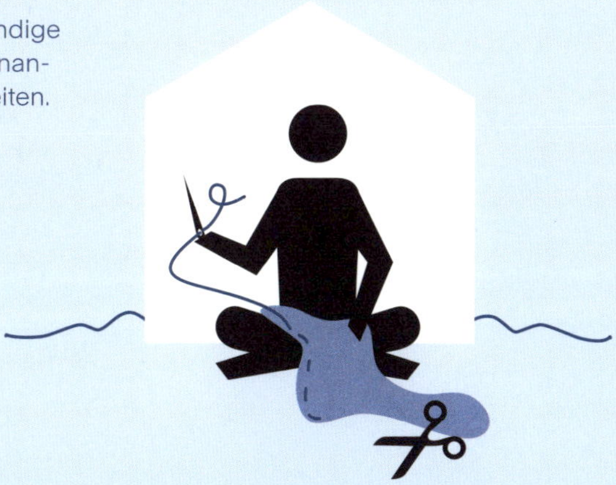

Jetzt

Rajwadi hat sich mit 9 Frauen zusammengeschlossen, um ein Gruppendarlehen aufzunehmen, damit jede von ihnen ihr eigenes Geschäft expandieren kann. Sie sorgen für ihre Familien und unterstützen einander.

Anfang

Solo-selbstständig

Kleines Gewerbe

Darlehen wurden investiert in

Schneiderei

Landwirtschaft

Kosmetiksalon

Jetzt

9
Frauen mit expandierenden Betrieben

Sicherung des Lebensunterhalts ihrer Familien, Zugang zu Gesundheitsversorgung und Bildung

Aussicht

Wachstum

Rakesh

Herdhersteller

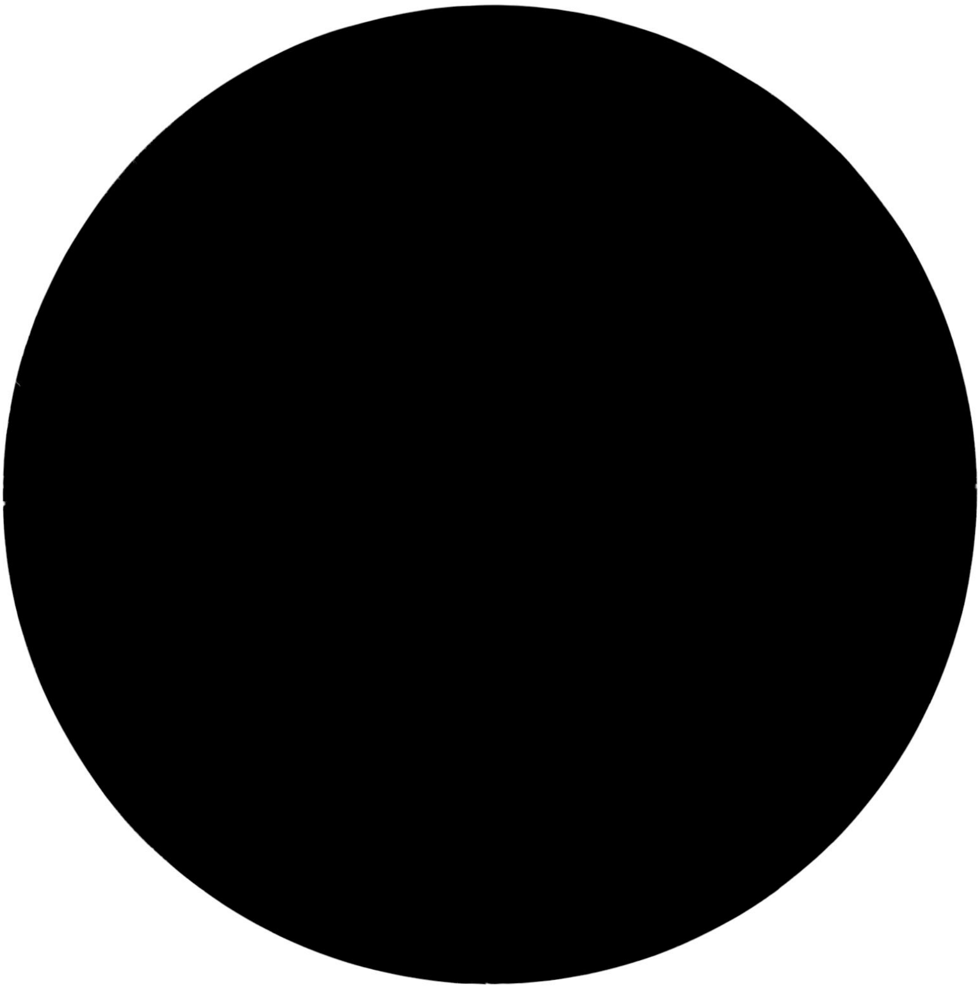

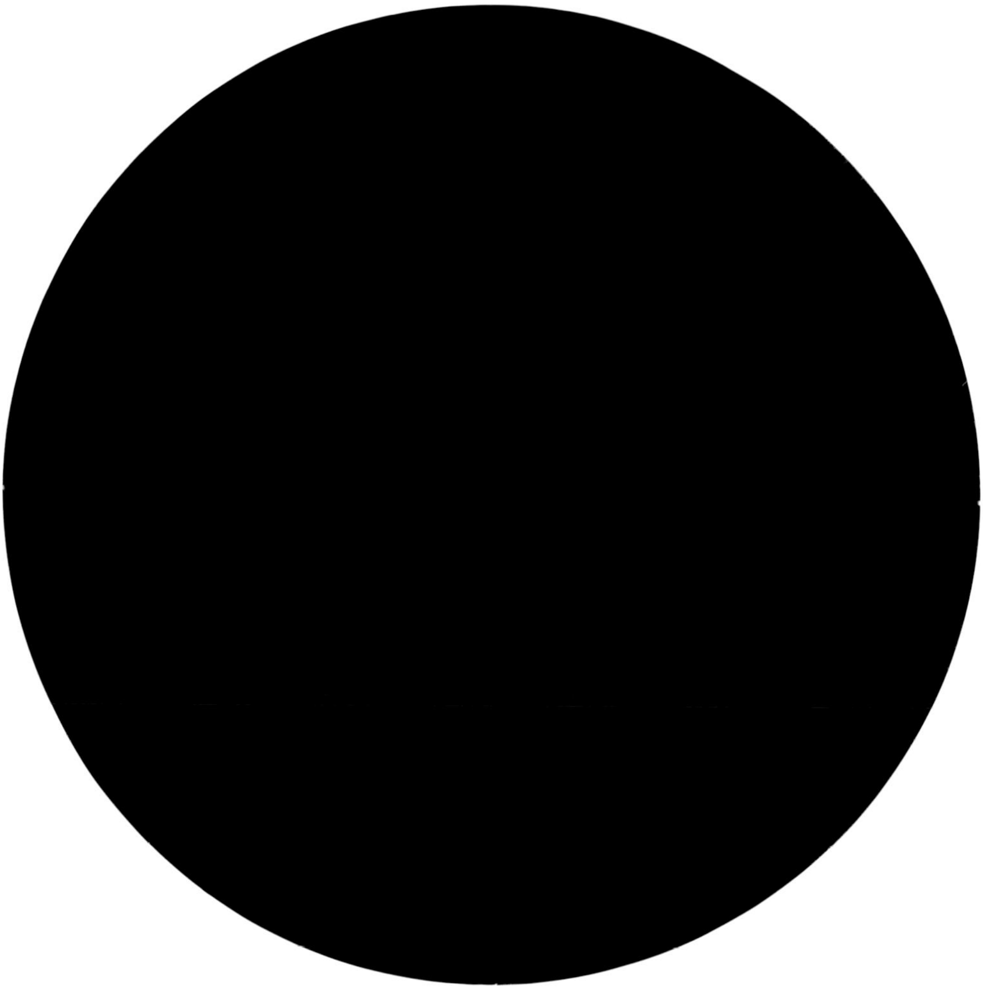

Rakesh Showa stellt in einem Vorort von Ne
Indien, Gasherde her. Nachdem er vor drei
seinen Job in einer anderen Fabrik gekünd
beschloss er, seine eigene Firma für die Pr
von Gasherden zu gründen.

Maxx
SURYA
L. P. GAS STOVE
A Best
Quality Product
Maxx
SURYA
L. P. GAS STOVE
OK
TESTED
MAKE IN INDIA
WARRANTY
365 Days
Just Cook... Serve... Smi

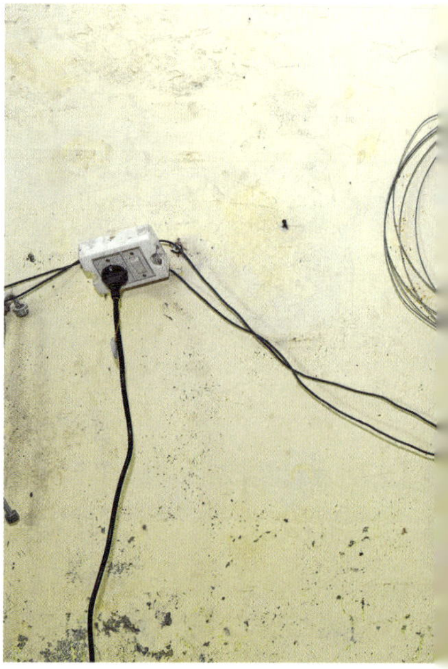

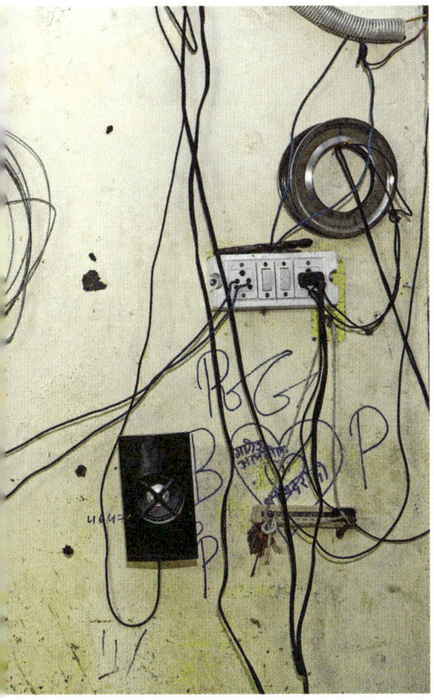

Das Team von Rakesh arbeitet hart an der Montage von Herden – sie können bis zu 500 pro Tag bauen und verkaufen sie im ganzen Land und sogar international.

Rakesh und sein Team beziehen Vorprodukte aus anderen Teilen der Stadt – das bedeutet, dass sein Unternehmen nicht nur ihm und seinen Mitarbeitern hilft, ihre Familien zu ernähren, sondern auch einen Beitrag für die Region leistet.

„Ich möchte mehr als 100 Mitarbeiter beschäftigen."

Rakesh Showa

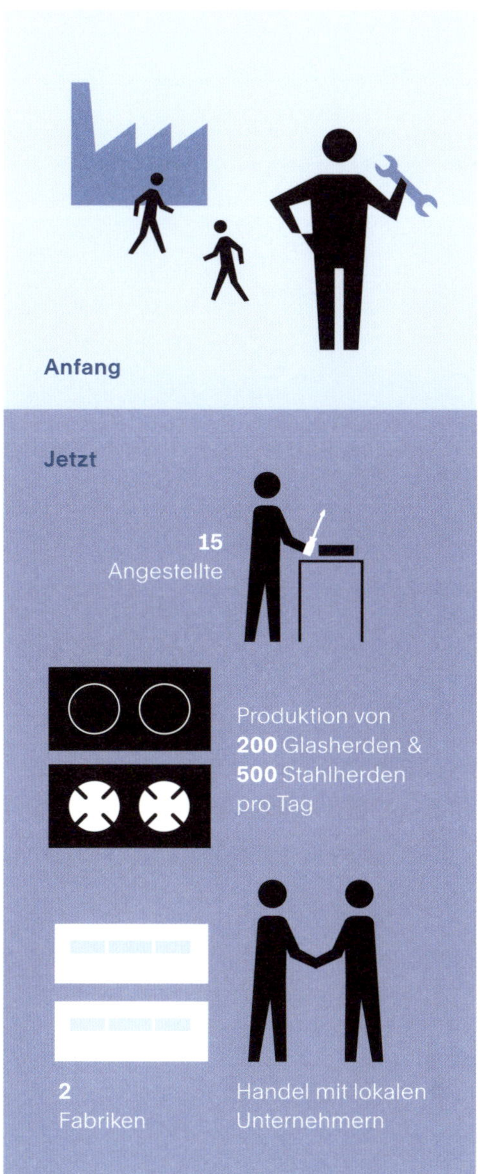

Rakesh, können Sie erklären, wie Sie angefangen haben?
Ich hatte mehrere Jahre in einer anderen Fabrik gearbeitet und beschloss, dass es an der Zeit war, zu versuchen, mich selbstständig zu machen um meiner Familie eine bessere Zukunft zu ermöglichen. Da mein Lohn sehr niedrig war, konnte ich keine Ersparnisse zur Seite legen. Also habe ich 2017 einen Kredit von rund 150.000 Rupien (ca. 2.100 USD) beantragt, um mein eigenes Unternehmen zu gründen – eine Fabrik für Gasherde, die wir dort aus 14 Komponenten zusammenbauen. Die Einzelteile beziehen wir von verschiedenen Herstellern aus unserem Distrikt. Darauf bin ich besonders stolz, denn es bedeutet, dass ich anderen Unternehmern vor Ort helfen kann, indem ich ihre Waren kaufe.
Und wie ist es bis jetzt gelaufen?
Gut – wir haben den ersten Kredit zurückgezahlt und einen zweiten in Höhe von 300.000 Rupien (ca. 4.200 USD) aufgenommen. Das hat es uns ermöglicht, unsere eigene Marke namens FlyFlame zu etablieren. Ich beschäftige derzeit 15 Mitarbeiter in zwei Fabriken, und heute verkaufen wir Produkte an Grosshändler in ganz Indien und darüber hinaus. Vor kurzem haben wir einen Auftrag über 800 Herde aus Nepal erhalten – das war natürlich ein grosser Tag.
Wie lange werden Sie brauchen, um so viele herzustellen?
Wir sind ziemlich schnell. Im Moment können wir bis zu 500 Herde aus Stahl pro Tag produzieren oder 200 Herde aus Glas. Allerdings ist die Nachfrage noch viel grösser – wir haben derzeit Aufträge für zehnmal so viele Herde, wie wir produzieren können. Das ist eine grosse Herausforderung für uns. Deshalb möchte ich das Geschäft ausweiten.
Was steht also als Nächstes für Sie an – wie werden Sie expandieren?
Ich möchte das Unternehmen weiter ausbauen, damit wir die Nachfrage befriedigen und mehr Mitarbeiter beschäftigen können und ich möchte mehr als 100 Mitarbeiter beschäftigen. Ich plane auch, die Produktlinie zu erweitern, damit wir ein vielfältigeres Sortiment anbieten können – wir werden zum Beispiel sehr bald Scheren in unser Repertoire aufnehmen. Ich möchte auch, dass meine Kinder eine gute Ausbildung erhalten und Ingenieure werden können.

Rashida

Schneiderin

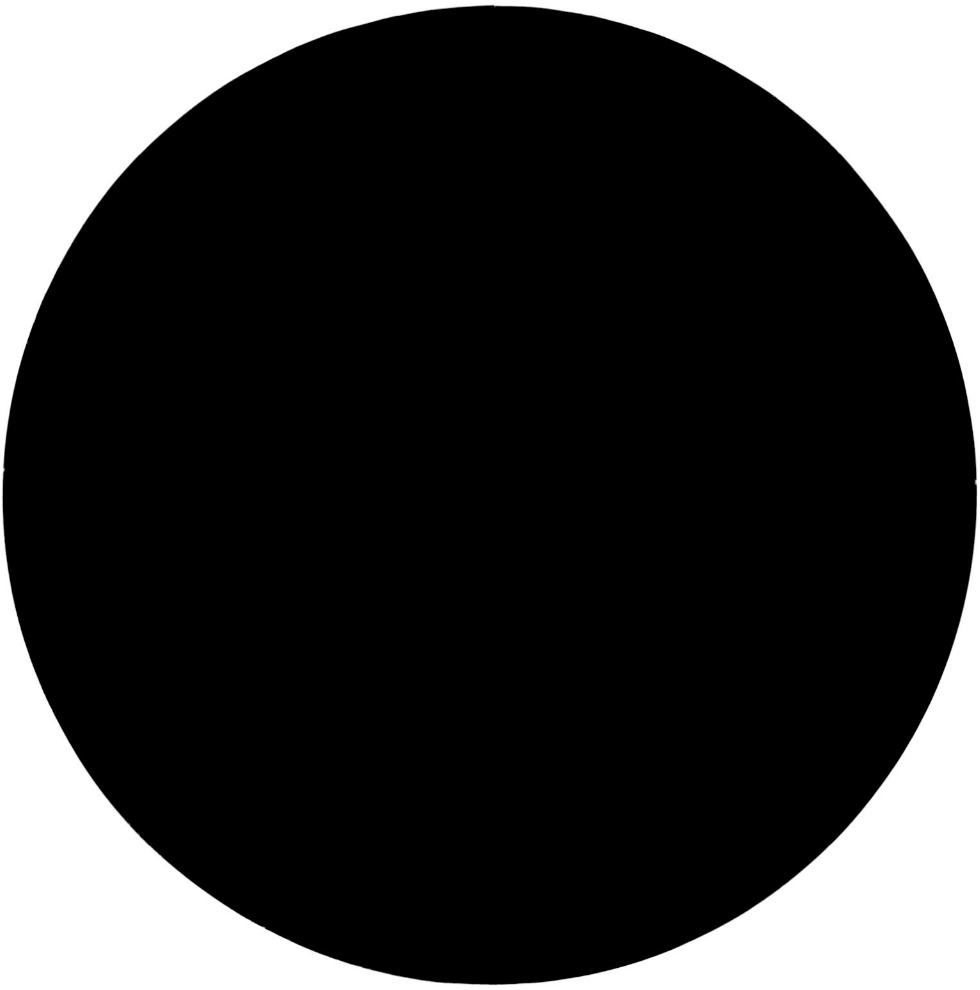

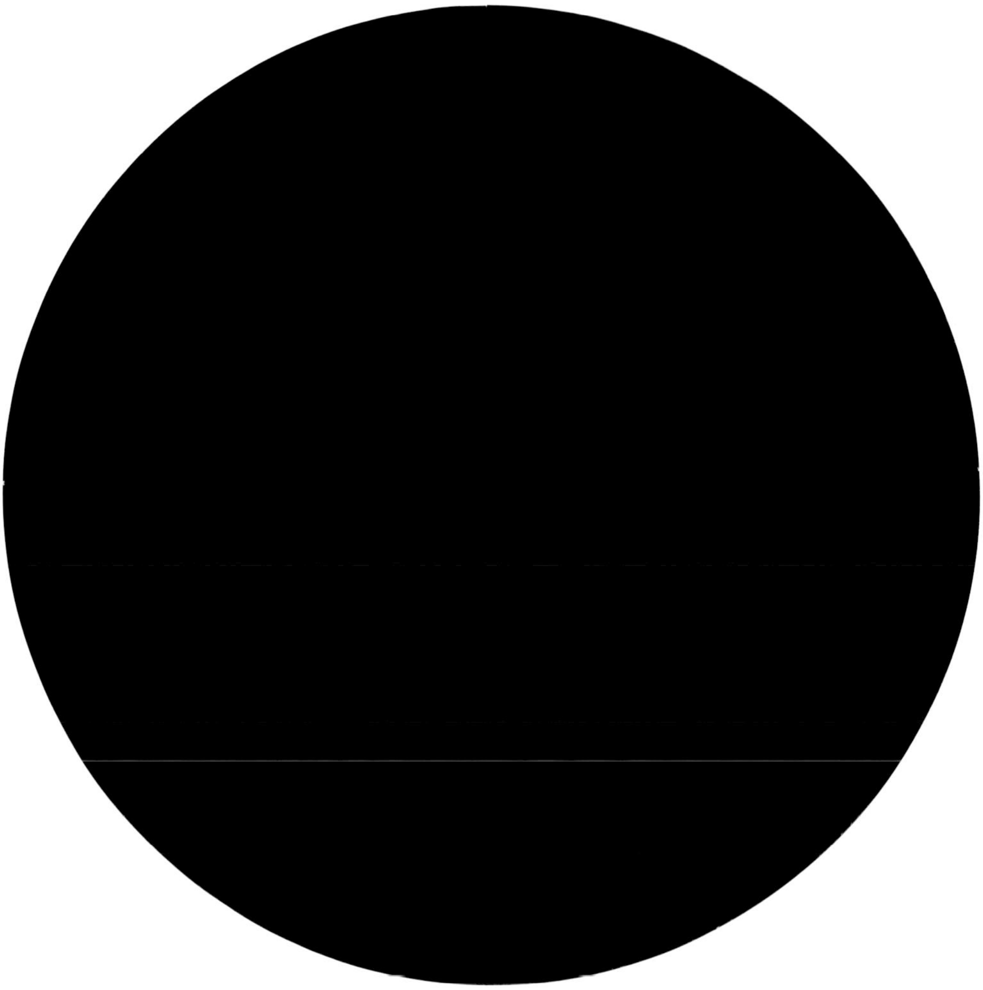

Rashida Begam betreibt eine Schneiderei
damit in die Fussstapfen ihres Vaters, der
verstarb, als sie erst 18 war. Bis 2014 arbeit
Rashida als angestellte Schneiderin; dann
beschloss sie, ihr eigenes Geschäft aufzun
um besser für ihre Familie sorgen und sich
zu können, dass keiner ihrer Angehörigen
hungern muss.

MADAM CHOICE BRA

Rashida bei einem Rundgang durch ihre Werkstatt, in der sie das Erbe ihres Vaters als Schneiderin weiterführt und Kleider aus farbenfrohen, hochwertigen Stoffen herstellt.

„Mein Traum ist es, für grossartige Entwürfe bekannt zu werden.“

Rashida Begam

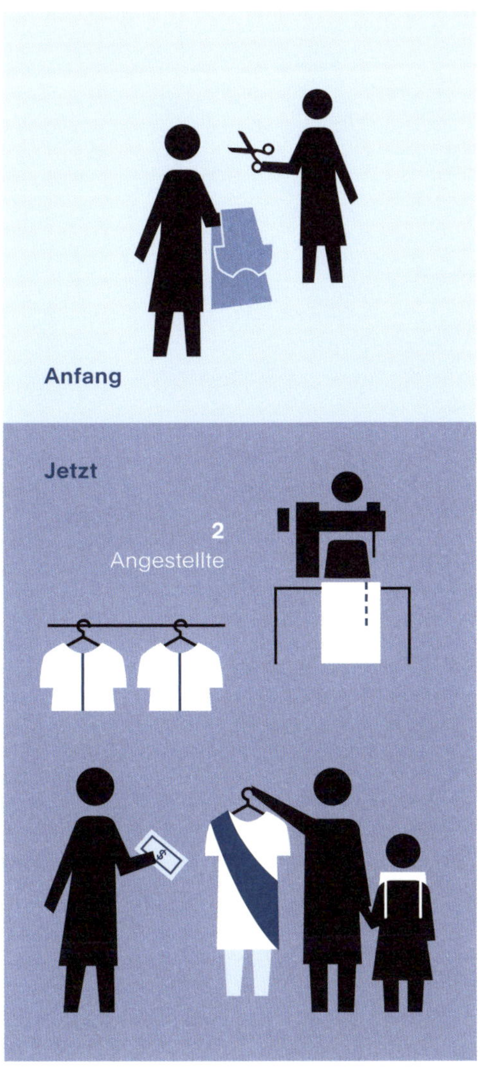

Rashida, könnten Sie uns Ihr Unternehmen und dessen Entwicklung kurz vorstellen?
2014 habe ich meine Arbeit in einer anderen Schneiderei aufgegeben, um mein eigenes Unternehmen zu gründen.
Am Anfang bot ich nur einen Nähservice an – Anfertigung von Kleidungsstücken und Änderungen nach Kundenwunsch. Im Jahr 2018 beschloss ich jedoch, einen Mikrokredit in Höhe von 200.000 Rupien (etwa 2.800 USD) zu beantragen, damit ich mein Angebot um eine Reihe von Konfektionskleidungsstücken erweitern konnte. Danach hat sich mein Geschäft recht schnell entwickelt, und ich konnte zusätzliche Mitarbeiter einstellen – derzeit beschäftige ich zwei weitere Schneiderinnen und besitze zwei Nähmaschinen.

Was hat der Kredit für Sie bedeutet?
Er war sehr hilfreich. Denn er bedeutete auch, dass ich einen Kurs über Unternehmensfinanzierung besuchen konnte und Feedback und Unterstützung bei der Entwicklung meines Geschäftsplans erhalten habe – es war mehr als nur das Geld. Infolge des Darlehens und der Veränderungen, die ich in meinem Unternehmen vornehmen konnte, laufen die Dinge sehr gut, und ich hatte keine finanziellen Schwierigkeiten, das Darlehen zu tilgen und die Zinsen zu zahlen. Ausserdem fühle ich mich heute viel unabhängiger, worauf ich sehr stolz bin.

Wie geht es für Sie weiter?
Die Leute fragen mich oft, ob ich vorhabe, meine Nähmaschinen zu ersetzen oder aufzurüsten, aber ich glaube nicht, dass das nötig ist – die alten funktionieren einwandfrei und tun alles, was wir brauchen. Ich möchte das Geschäft aber noch weiter ausbauen, und ich denke, dass ich wahrscheinlich einen weiteren Kredit aufnehmen werde, um mir dies zu ermöglichen. Mein Traum ist es, für grossartige Entwürfe bekannt zu werden und die Dinge für meine Kunden interessant zu halten. Ich möchte auch weiterhin für meine Familie sorgen und hoffe, dass meine Tochter eines Tages das Geschäft übernehmen kann.

Klimaresistenz

von Ofir Ardon,
Vorstandschef von Agritask

Der Klimawandel ist eine globale Herausforderung, aber wir wissen heute, dass Entwicklungsländer Wetterunsicherheiten wie unregelmässigen Niederschlägen und steigenden Temperaturen stärker ausgesetzt sind. Es wird geschätzt, dass die Entwicklungsländer im Vergleich zu Industrieländern fünfmal mehr direkte Schäden im Verhältnis zu ihrem BIP erleiden werden, da sie stärker auf sensible Sektoren wie die Landwirtschaft angewiesen sind. Erschwerend kommt hinzu, dass ein Grossteil der Landwirtschaft in den Entwicklungsländern von Regenfällen gespeist wird, so dass die Bauern und ihre Gemeinden vollständig vom Wetter abhängig sind. Der Anteil der Arbeitskräfte in der Landwirtschaft reicht von 40 bis 50% im asiatisch-pazifischen Raum und etwa zwei Dritteln in Afrika. Da die Ernährungssicherheit gefährdet ist, werden viele Menschen gezwungen sein, um knappe Ressourcen zu konkurrieren, was wiederum Ungleichheit und Konflikte fördert.
Es gibt zahlreiche Aufzeichnungen über signifikante Ertragsrückgänge infolge anhaltender Dürre und ansteigender Temperaturen. Schätzungen zufolge verursacht jeder Temperaturanstieg um ein Grad Celcius einen Ertragsrückgang von 3–7,5% bei Grundnahrungsmitteln wie Mais, Weizen und Reis. Darüber hinaus kommt es zu einem Befall mit Schädlingen und Krankheiten in noch nie dagewesenem Ausmass, da diese von den neuen klimatischen Bedingungen profitieren – mit verheerenden Folgen für die ländliche Lebensgrundlage. Die Menschen in den Entwicklungsländern tragen nicht nur die grösste Last, wenn es um die Folgen des Klimawandels geht, sondern haben auch die geringsten Ressourcen, um sich anzupassen und seine Folgen abzuschwächen.
Der Aufbau einer Klimaresistenz in diesen Ländern ist daher von grösster Bedeutung. Im Landwirtschafts- und Nahrungsmittelsektor geht es dabei um zwei Hauptaspekte – die Minderung von Risiken durch bessere Praktiken und die Übertragung von Risiken auf diejenigen Akteure, die am besten in der Lage sind, diese Gefahren aufzufangen. Ersteres bedeutet die

Ofir Ardon

Anpassung der Agronomie an die durch den Klimawandel hervorgerufenen Probleme, beispielsweise die Verwendung von dürreresistentem Saatgut, die Einführung grundlegender Bewässerungssysteme und eine wirksamere Überwachung und Bekämpfung von Schädlingen. Damit können Risikotransfermechanismen genutzt werden, um die unkalkulierbaren Risiken von einzelnen Bauern auf Institutionen wie Regierungen, multilaterale Organisationen oder private (Rück-)Versicherer zu verlagern. Risikominderung und Risikotransfer sind in hohem Masse komplementär, da Ersteres die Kosten für Letzteres senkt und für mehr Landwirte erschwinglich macht. Die wichtigste Voraussetzung dafür sind qualitativ hochwertige Daten, damit die Landwirte fundierte Entscheidungen treffen und ihre Aktivitäten optimieren können. Diese agronomischen Daten erleichtern auch passgenauere Dienstleistungen in unterversorgten Gebieten durch andere Interessengruppen, die von Unternehmen für landwirtschaftliche Betriebsmittel über landwirtschaftliche Käufer bis hin zu Kredit- und Versicherungsanbietern reichen. Letztlich werden damit auch der Marktzugang und die finanzielle Eingliederung in aufstrebende Märkte verbessert. Derzeit verfügbare Daten sind jedoch noch begrenzt und schwer zu interpretieren. Agritask hat sich vorgenommen, dies zu ändern. Wir haben eine skalierbare datengesteuerte agronomische Plattform entwickelt, die es Landwirten und ihren Interessenvertretern ermöglicht, die Produktivität zu steigern, Betriebsmittel effektiver einzusetzen und ihre Risiken zu managen. Heute unterstützen wir bereits 200.000 Landwirte auf der ganzen Welt beim Aufbau einer Klimaresistenz.

Wir stellen immer wieder fest, dass gemeinschaftliche Anstrengungen verschiedener Interessengruppen erforderlich sind, um auf die beispiellose Bedrohung durch den Klimawandel zu reagieren. Wir alle können einen Beitrag dazu leisten, den Klimawandel zu bekämpfen, die verwundbarsten Teile der Welt zu schützen und diejenigen zu unterstützen, die am wenigsten besitzen.

Peru

Peru liegt an der Westküste Südamerikas am Pazifik, ist das drittgrösste Land des Kontinents und Heimat von ungefähr 33 Millionen Menschen. Es gilt offiziell als biologisch megadiverses Land, da es eine hohe Anzahl verschiedener einheimischer Arten und eine grosse Vielfalt an Lebensräumen aufweist, die von alpinen Zonen und dem Andenhochland über Regenwälder bis hin zum Humboldtstrom und der pazifischen Küstenwüste reichen.

BIP-Wachstum

4,6 %
jährlich
1999–2019

Index der geschlechtsspezifischen Ungleichheit

87
von
189 Ländern

Armutsniveau

2,6 %
leben unterhalb der Armutsgrenze
(1,90 USD/Tag)

Glücksindex

63
von
153 Ländern

Fläche

Brasilien

= 7 ×

Peru

1.279.996 km²

Aktuelle Einwohnerzahl

33 Millionen

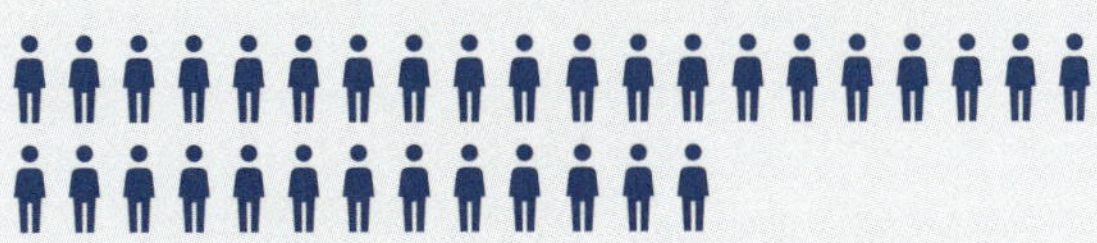

= 1 Million

Weltrang

43

Amazonas

60 % der Landfläche Perus sind vom Regenwald des Amazonas bedeckt.

Bevölkerung

22 %
Bevölkerungswachstum 2020–2050

11,1
Kindersterblichkeit auf 1.000 Lebendgeburten

3,8
Personen durchschnittliche Haushaltsgrösse

Klimawandel

27 %
aller Arbeitskräfte sind in der Landwirtschaft tätig und somit stark vom Klimawandel beeinflusst.

51 %
Prognose des Rückgangs des BIP/Kopf durch Klimawandel bis 2100

120.440
Menschen vom erwarteten Anstieg des Meeresspiegels bis 2100 betroffen

Wirtschaft

32 % des Gesamteinkommens entfällt auf die einkommensstärksten **10 %** der Bevölkerung.

6,9 %
Landwirtschaft

31,5 %
Industrie

59,9 %
Dienstleistungen

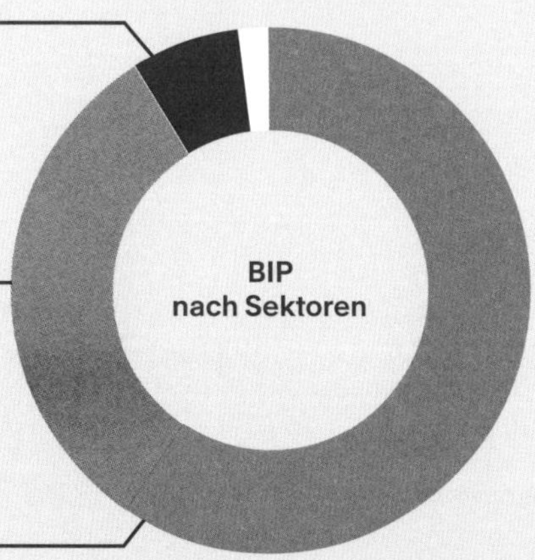

227 Mrd. USD

Aktuelles BIP
(Brasilien: 1.869 Mrd. USD)

13.380 USD
BIPKopf
Weltrang: 96

101
Internationaler Korruptionsindex, Platzierung von 198

55
Index der Partizipation und Verantwortlichkeit* auf einer Skala von 0–100

* Partizipationsmöglichkeit bei der Wahl der Regierung sowie Mass der Freiheit von Meinung, Versammlung und Presse in der Wahrnehmung der Bürgerrechte

● Folgen von Klimawandel und Wetter

● Folgen von Zerstörung, Raubbau an der Natur und Umweltverschmutzung

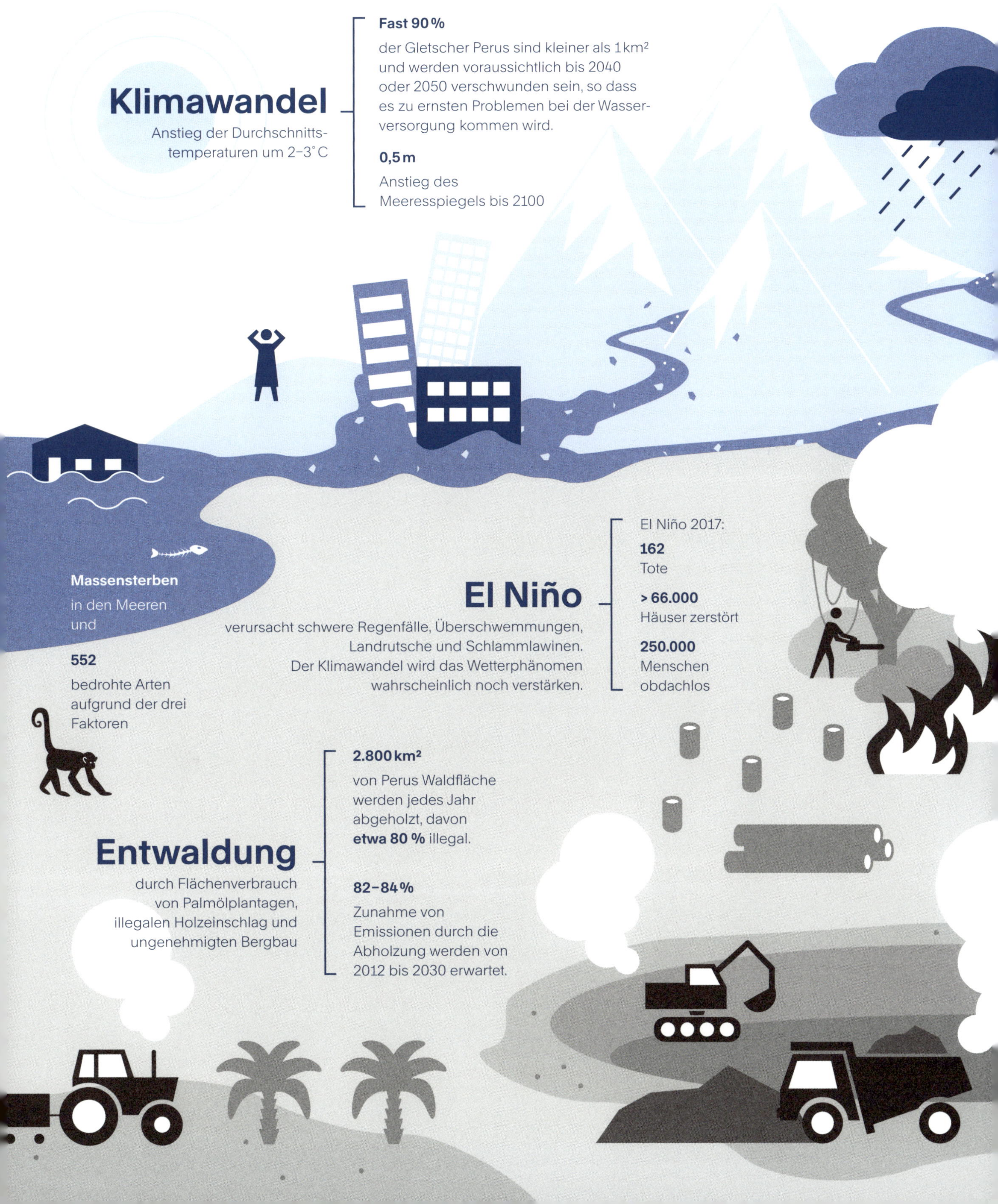

Klimawandel

Anstieg der Durchschnittstemperaturen um 2–3 °C

Fast 90 %

der Gletscher Perus sind kleiner als 1 km² und werden voraussichtlich bis 2040 oder 2050 verschwunden sein, so dass es zu ernsten Problemen bei der Wasserversorgung kommen wird.

0,5 m

Anstieg des Meeresspiegels bis 2100

Massensterben

in den Meeren und

552

bedrohte Arten aufgrund der drei Faktoren

El Niño

verursacht schwere Regenfälle, Überschwemmungen, Landrutsche und Schlammlawinen. Der Klimawandel wird das Wetterphänomen wahrscheinlich noch verstärken.

El Niño 2017:

162

Tote

> 66.000

Häuser zerstört

250.000

Menschen obdachlos

Entwaldung

durch Flächenverbrauch von Palmölplantagen, illegalen Holzeinschlag und ungenehmigten Bergbau

2.800 km²

von Perus Waldfläche werden jedes Jahr abgeholzt, davon **etwa 80 %** illegal.

82–84 %

Zunahme von Emissionen durch die Abholzung werden von 2012 bis 2030 erwartet.

Peru liegt in den Tropen der südlichen Hemisphäre am Pazifik und ist ein geographisch vielfältiges Land. Es umfasst alles von alpinen Bergen und Regenwäldern bis hin zu Strän-den und Wüsten. Die Mehrheit der Bevölkerung lebt im Gebiet des Küstenstreifens.

COMEDOR

Berühmt als Heimat des Inka-Reiches, verbindet Peru die hispanische Kultur mit einer Mischung aus einheimischen Traditionen der Quechua- und Aymara-Kultur. Das Land mit seinen 33 Millionen Einwohnern hat eine faszinierende Geschichte und wird von Menschen unterschiedlicher ethnischer Herkunft bevölkert.

Inkafarma
Inkafarma
DIRECTO DE FÁBRICA
Superflex

Apoya

César

Obst- und Gemüsebauer

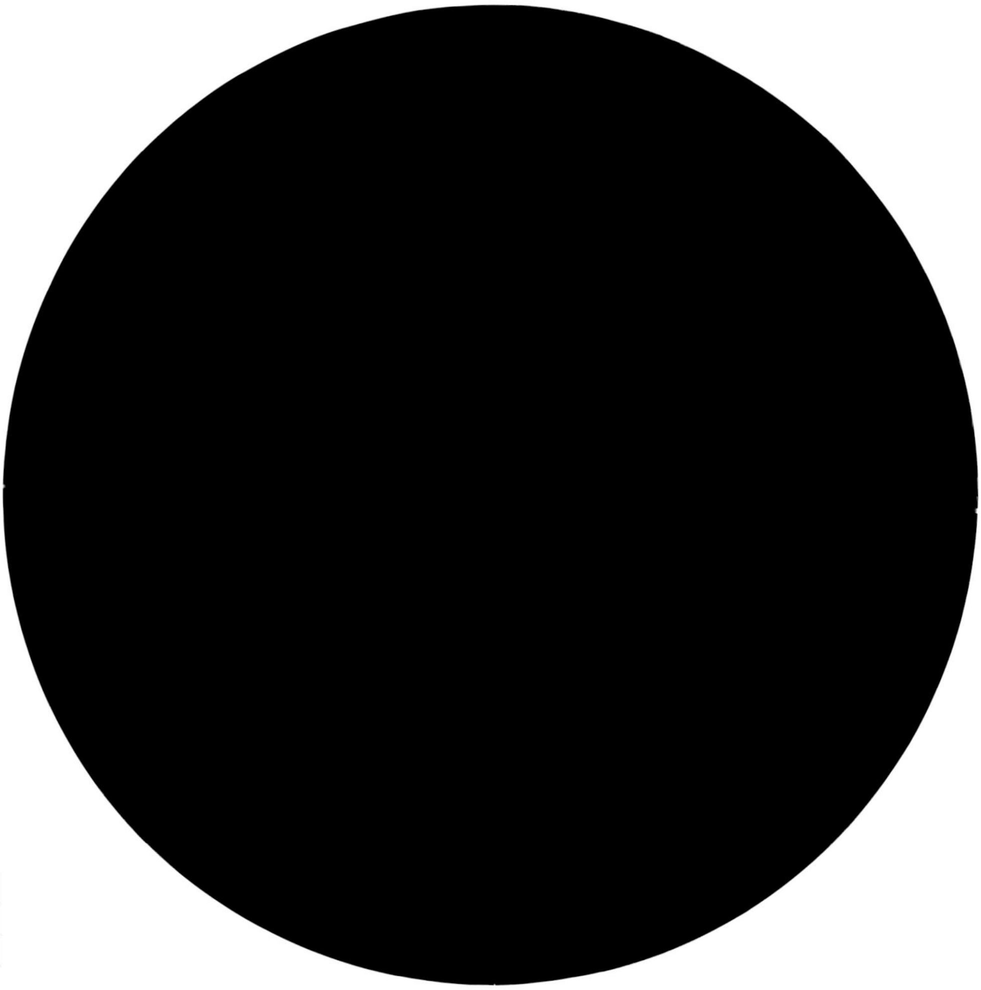

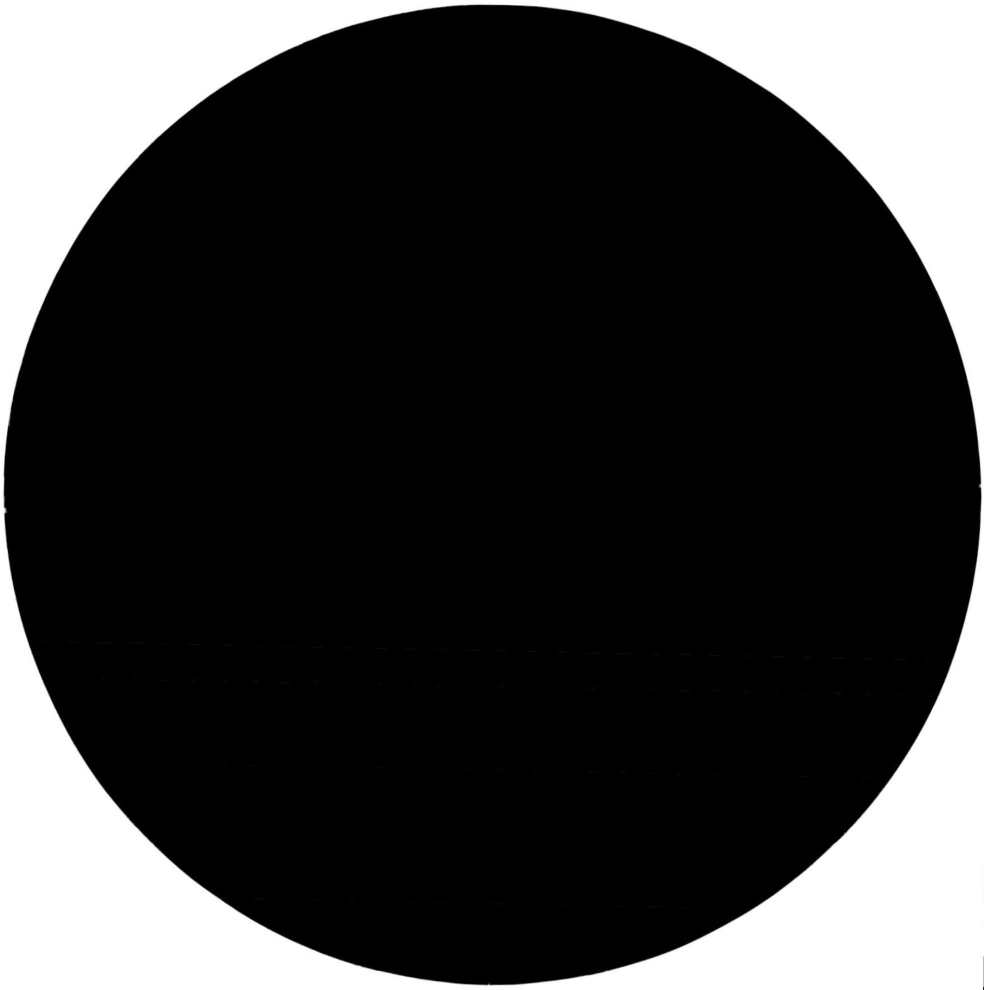

César Julio Salirosas Pacheco ist Eigentü
der Salirosas-Farm in Piura, Peru. Seit vie
Jahren bewirtschaftet er dort eine Planta
derzeit mit Avocados, Mangos und Zitron
Früchte verkauft er in der ganzen Region
dem San-Lorenzo-Tal im Bezirk Tambogr
stammend, das für seine Landwirtschaft
ist, erzählte uns César mehr über sein Ur
men und wie die Mikrofinanzierung ihm
hat, seine Aktivitäten auszuweiten und se
Familie besser zu versorgen.

Die Salirosas-Farm in Piura erstreckt sich über mehr als 50 Hektar, auf denen César und seine Familie mit dem Anbau von Avocados, Mangos und Zitronen ihren Lebensunterhalt erwirtschaften.

César prüft die Früchte an einem seiner verbliebenen Zitronenbäume. Kürzlich verlor er mehr als 10 Hektar Bäume durch Überschwemmungen, die von El Niño verursacht worden waren – einem Klimaphänomen, das ungewöhnliche Wärme bringt und alle paar Jahre auftritt.

„Jetzt ist meine ganze Familie in der Landwirtschaft tätig."

César Julio Salirosas Pacheco

César, wie kamen Sie zur Gründung Ihres Unternehmens?
Als ich aus meiner Heimatregion La Libertad nach Piura übersiedelte, fand ich ungenutztes und brachliegendes Land mit ein paar Mangobäumen vor. Ich beschloss, dieses Land zu kaufen und selbst urbar zu machen. Es war ein radikaler Neuanfang. Es gab Wasser und Land, auf dem ich arbeiten konnte, und auch wenn es nicht für jeden geeignet war, so hat es doch für mich funktioniert. Also machte ich weiter. Heute ist meine ganze Familie in der Landwirtschaft tätig.

Wie haben Ihnen die Kredite Ihrer örtlichen Mikrofinanzinstitution geholfen?
Wir nehmen unterschiedliche Kredite für verschiedene Produkte auf. Mangos sind saisonabhängig, deshalb leihen wir uns dafür separat etwas. Inzwischen läuft ein anderer monatlicher Kredit für Zitronen, und wir nehmen noch ein weiteres Darlehen auf, um für eventuell zusätzlichen Bedarf im Laufe des Jahres gerüstet zu sein. Mangos brauchen fünf Monate von der Blüte bis zur Ernte, Avocados hingegen acht Monate. Wir ernten also zuerst Mangos und decken mit dem Erlös diesen Kredit ab. Nach zwei oder drei Monaten können wir dann Avocados ernten.

Wie hat sich Ihr Unternehmen seit seiner Gründung entwickelt?
Ich habe mit nur neun Hektar angefangen; heute besitze ich fünfzig Hektar. Derzeit ernten wir Avocados, Mangos und Zitronen. Früher haben wir auch Reis angebaut, aber die gestiegenen Temperaturen haben Dürreperioden und niedrige Wasserstände mit sich gebracht und den Anbau erschwert. Wir haben dann begonnen, Wasser in Brunnen zu sammeln und während der Dürreperioden auf die Reisfelder zu leiten, aber inzwischen kommt Reis für uns praktisch nicht mehr in Frage.

War der Klimawandel für Sie darüber hinaus ein Thema?
Ja, hauptsächlich durch El Niño. Das Land, das wir heute für Mangobäume nutzen, war ursprünglich für Zitronen gedacht, aber das El Niño-Phänomen hat eine Überschwemmung verursacht und danach trocknete der Boden aus. Wir haben unsere gesamten 10 Hektar Zitronenbäume verloren – sie sind den Niederschlägen und der folgenden Dürre zum Opfer gefallen.

Konnten Sie irgendwelche Massnahmen ergreifen, um Ihr Unternehmen an die Auswirkungen des Klimawandels anzupassen?
Versichern konnten wir uns nicht dagegen – der Staat stellt solche Hilfen für Landwirte nicht zur Verfügung, und eine entsprechende Versicherung können wir bislang nirgends abschliessen. Aber wir pflanzen zusätzliche Bäume, um für Schatten zu sorgen und die Obstbäume vor übermässigem Baumsterben zu schützen, insbesondere die Zitronenbäume – die Mangobäume sind widerstandsfähiger.

Was steht für Ihr Unternehmen als nächstes an?
Ich gehe davon aus, dass wir uns mehr auf Mangos konzentrieren werden, da die Bäume alterungsbeständiger sind als die Zitronenbäume. Zitronenbäume halten nur sieben Jahre, während Mangobäume eine Lebenserwartung von 30 bis 50 Jahren haben. Aber es hängt alles davon ab, wie es in den kommenden Jahren weitergeht. Wenn die Pflanzen gute Fortschritte machen, könnte ich erwägen, Früchte zu exportieren. Insgesamt hoffe ich, dass ich meine Familie weiterhin versorgen kann, damit wir essen, arbeiten und unsere Kinder grossziehen können.

Anfang

César fand brachliegendes Land mit Zugang zu Wasser und einigen Mangobäumen, die er zu kultivieren begann.

Jetzt

César hat seinen Betrieb vergrössert und weiteres Land urbar gemacht. Zusammen mit seinen Beschäftigten erntet er bis zu 18 Tonnen Mangos im Jahr. Er sorgt dafür, dass seine Familie Arbeit hat und sich ernähren kann.

Anfang

Solo-
selbstständiger

9
Hektar Land

Darlehen wurden investiert in

Zitronen

Mangos

Avocados

Jetzt

Beschäftigung von Ortsansässigen

50
Hektar Land

18 t
Mango/Jahr

Aussicht

Export

Viter

Lebensmittelladenbesitzer

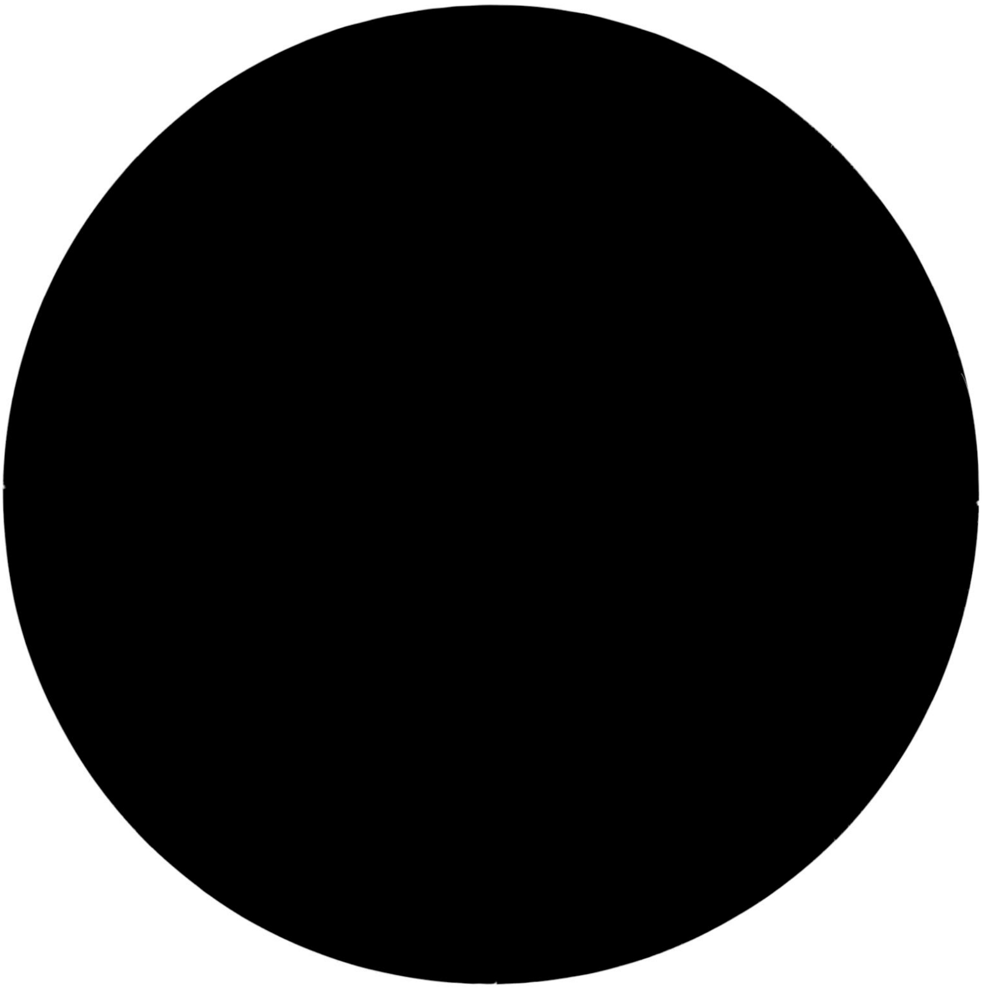

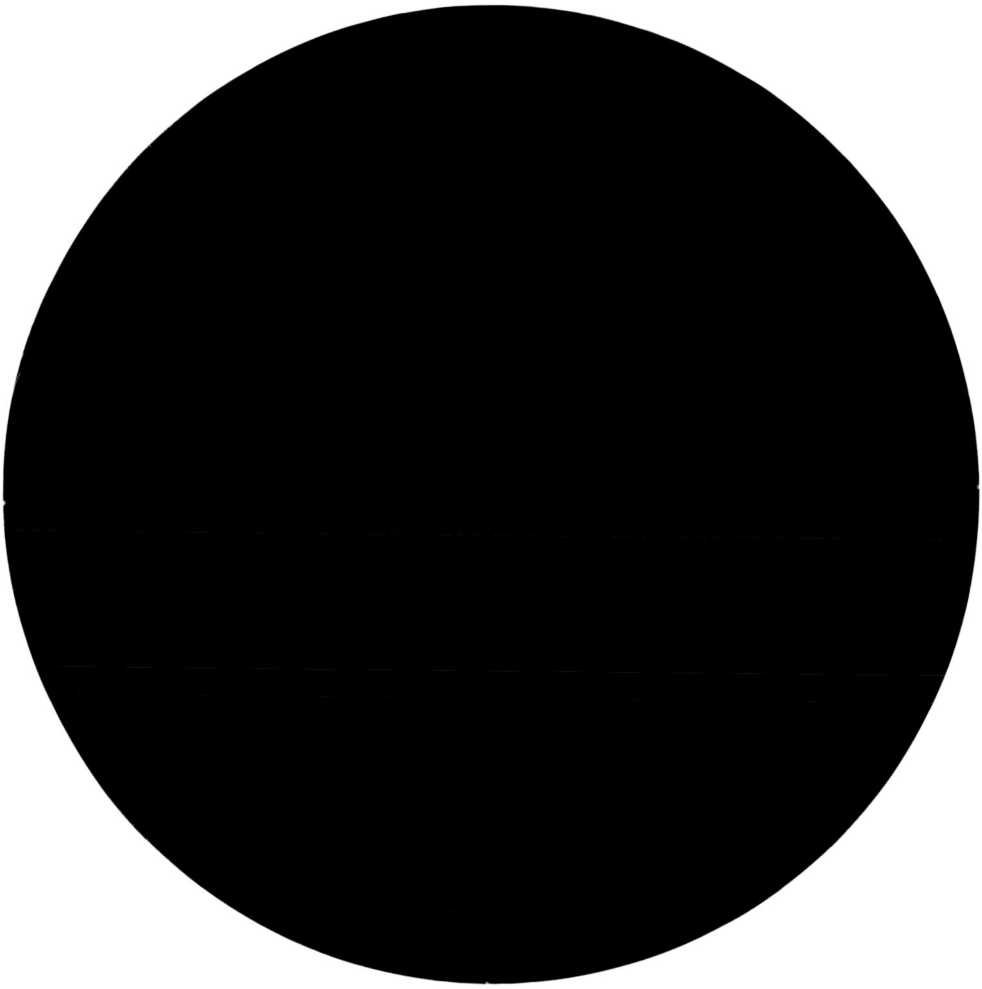

Viter Laban Peña ist Eigentümer von zwei Lebensmittelständen auf dem Markt Ex Ter Pesquero in Piura, Peru. Er stammt aus der San Ignacio im nördlichen Hochland Perus fünfzehn Jahren ist er nach Piura gekomme hat mit dem Handel mit Gewürzen und Get begonnen.

Deli Arroz
Ketchup

Deli Arroz
Deli Arroz
peps

Viter in einem der zwei Lebensmittelstände, die er nun auf dem Markt Ex Terminal Pesquero in Piura besitzt, nachdem er mit nur einem kleinen Tisch mit gerade genug Platz für ein paar Produkte begann.

Knoblauch und andere Gewürze gehören zu den beliebtesten Produkten von Viter, aber er ist stets bemüht, sein Angebot zu erweitern, um mehr Kunden zu gewinnen.

„Ansonsten möchte ich gern weiter arbeiten und ein grösseres finanzielles Polster anlegen.“

Viter Laban Peña

Viter, was hat Sie motiviert, Ihr Unternehmen zu gründen?
Ich bin in der Landwirtschaft aufgewachsen; bei uns in San Ignacio, Cajamarca, haben wir Kaffee angebaut. Das Leben dort war zu hart, also bin ich in die Stadt gezogen und habe mein kleines Geschäft aufgemacht – ich wollte meine Chance nutzen und gleichzeitig etwas für meine Gesundheit tun.
Wie haben Sie in Piura angefangen?
Mit 400 Soles (etwa 120 USD). Das reichte für einen kleinen Tisch mit einigen wenigen Produkten, hauptsächlich Gewürzen und Getränken – Limonade und Wasser. Dann habe ich nach und nach weitere Artikel angeboten; mein Ziel war, die Angebotspalette auf Lebensmitteln auszuweiten. Schliesslich habe ich mir auf dem Markt einen eigenen Stand gekauft.
Was war Ihre grösste Herausforderung?
Wettbewerb – jeden Tag gibt es ein neues ähnliches Geschäft, das mit meinem konkurriert. Ich versuche, mich davon abzuheben, von den Kunden anders wahrgenommen zu werden, noch bessere Produkte anzubieten und eine noch grössere Vielfalt, um die Kundenbindung zu erhöhen.
Hat sich der Klimawandel auf Ihr Unternehmen ausgewirkt?
Ja – es regnet jetzt viel mehr als früher. Ich bin besorgt, dass es zu einer Überschwemmung kommen könnte, und habe deswegen die Decke verstärkt, damit dort kein Wasser eindringen und meine gelagerten Waren schädigen kann.
Welche Pläne haben Sie für Ihre beiden Lebensmittelstände?
Möglicherweise werde ich einen weiteren Stand kaufen und dann verpachten. So könnte ich mir auch für den Krankheitsfall meine Zahlungsfähigkeit erhalten. Ansonsten möchte ich gern weiter arbeiten und ein grösseres finanzielles Polster anlegen.

Lucía

Kunsthandwerkerin

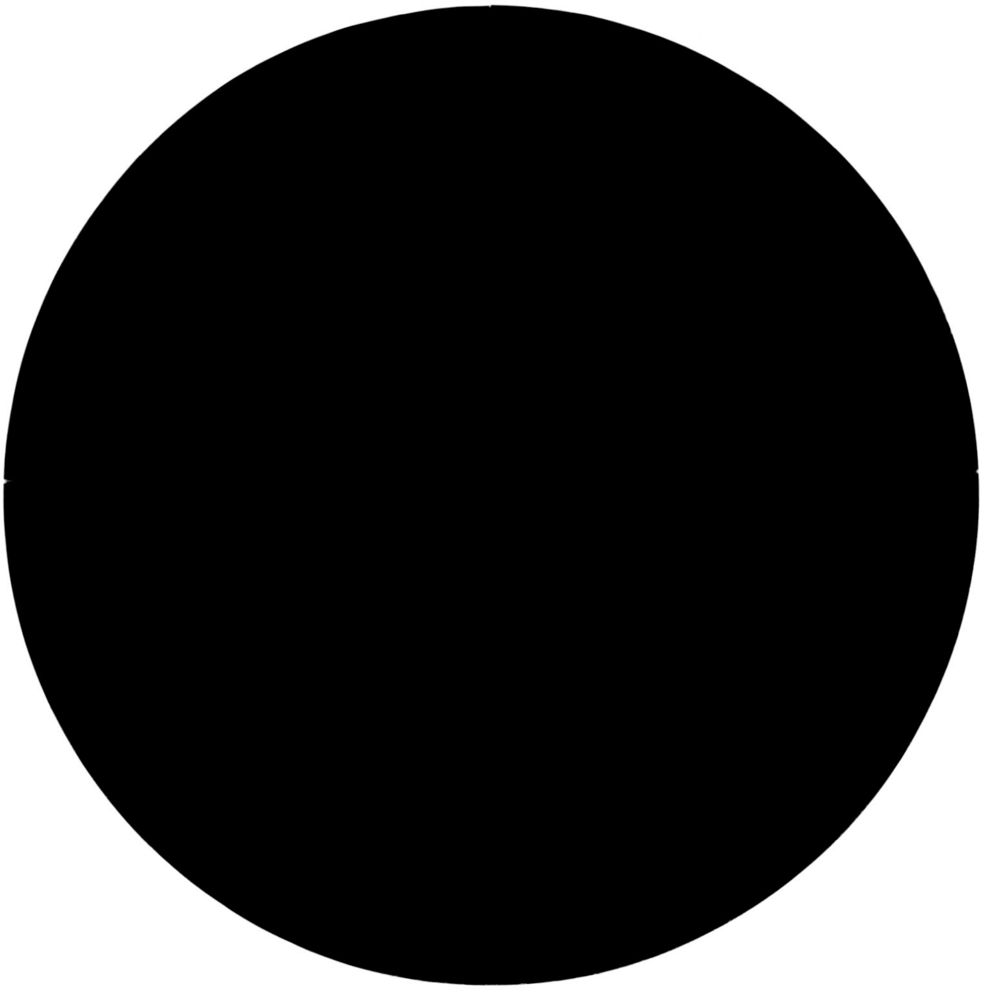

Lucía Andrea Vega Prado ist eine Kunsthan
werkerin aus Catacaos, Peru, einem der wic
Touristengebiete im Norden des Landes. S
lernte die Kunst des Strohflechtens bereits
jungen Jahren und hat sich inzwischen in ih
Haus eine kleine Werkstatt eingerichtet, in d
sie aus Palm-, Junco- und Toquilla-Stroh Ha
taschen, Tassen und Becherhalter herstellt.

Die Kunst des Strohflechtens ist in Lucías Familie von Generation zu Generation weitergegeben worden – sie hat es von ihrer Mutter gelernt und unterrichtet nun ihre eigenen Kinder in diesem Handwerk.

Lucía arbeitet in einer kleinen Werkstatt in ihrem Haus in Catacaos, wo sie eine Reihe von Produkten herstellt, darunter Geldbörsen, Tassen und Becherhalter.

„Am Anfang hatte ich nichts.“

Lucía Andrea Vega Prado

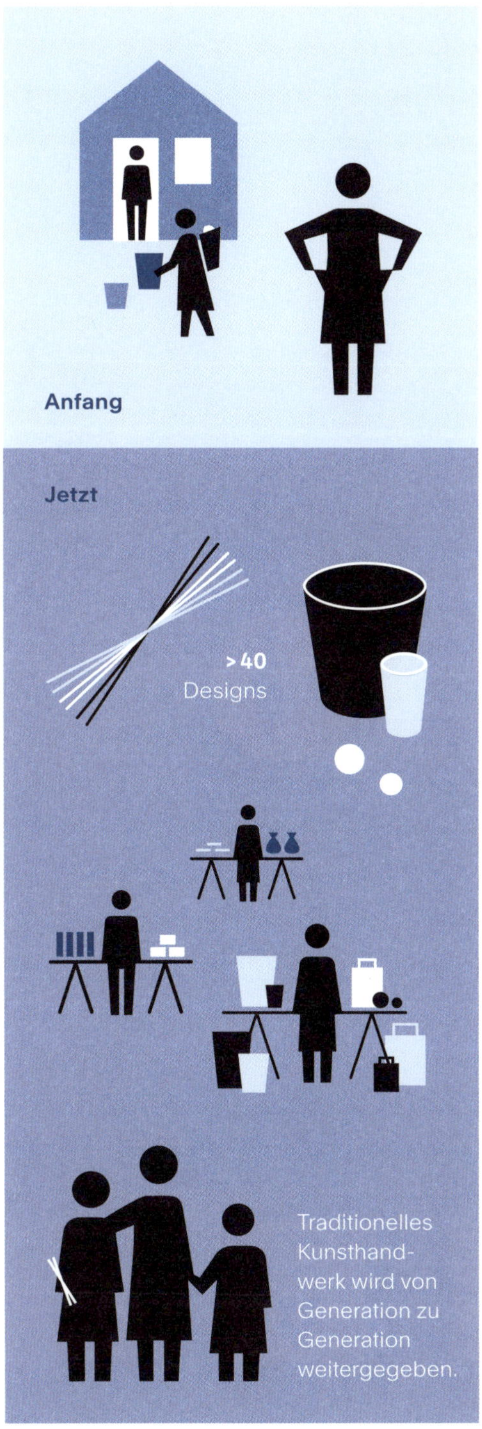

Lucía, bitte erzählen Sie uns Ihre Geschichte. Wie haben Sie gelernt, mit Toquilla-Stroh zu arbeiten?
Ich stelle seit vielen Jahren Gegenstände aus diesem Stroh her. Schon in sehr jungen Jahren habe ich meiner Mutter dabei zugesehen, wie sie aus Toquilla-Stroh Dinge herstellte, die dann verkauft wurden, um zum Unterhalt der Familie beizutragen. Diese Arbeit ist bei uns von Generation zu Generation weitergegeben worden; meine Grosseltern haben sie getan, dann meine Mutter und jetzt bringe ich sie meinen Kindern bei.

Können Sie erläutern, was genau Sie herstellen?
Ich mache Taschen, Becherhalter, Blumen, Stifthalter und mehr als 40 andere Dinge. Ich arbeite mit Toquilla-, Palm- und Junco-Stroh. Das Stroh hat eine natürliche Farbe, deshalb färben wir es je nach Wunsch des Kunden – manche wollen schwarz, grün oder gelb – mit natürlichen Substanzen wie Brennholz und Alaun. Das braucht seine Zeit, und deshalb variiert der Preis für die Produkte je nach Verarbeitung.

Können Sie sich noch an die Anfänge Ihres Unternehmens erinnern?
Wir hatten keinen Markt, auf dem wir unser Kunsthandwerk verkaufen konnten, und mussten daher mit unserer Arbeit hausieren gehen und versuchen, irgendwie Kunden zu finden. Am Anfang hatte ich nichts, kein Kapital und keine Materialien, aber allmählich kam das Geschäft in Gang.

Und was war bisher Ihre grösste Herausforderung?
Die Herstellung einer gewaltigen Menge von Produkten für einen Markt in Lima. Es hiess, dass die Handwerker mit den meisten Produkten ausgewählt würden. Das war mein Ziel. Ich schaffte es, innerhalb von zwei Monaten so viel herzustellen, wie verlangt wurde.

Wie hat die Mikrofinanzierung Ihrem Unternehmen geholfen?
Als wir beschlossen, einen Kredit aufzunehmen, wollten wir damit unser Geschäft erweitern und Rohstoffe wie Stroh einkaufen. Manchmal braucht ein Kunde ein Produkt, aber wir sind möglicherweise nicht in der Lage, die gesamte Arbeit zu bewältigen. In diesem Fall müssen wir Material an andere Handwerker schicken, damit sie uns helfen können. Der Kredit hilft uns, die Leute zu bezahlen, die uns bei der Herstellung der Produkte unterstützen.

Welche Erwartungen haben Sie für die Zukunft Ihres Unternehmens?
Mein Plan ist es, einen eigenen Verband zu gründen, da ich derzeit allein bin. In einem Verband kann ich eine Gruppe von Kunsthandwerkern leiten und vielleicht bekomme ich dann einen Stand in Catacaos mit Vitrinen, in denen wir alle unser Kunsthandwerk ausstellen können.

SDGs – Fortschritte

Armut

Der Anteil in extremer Armut lebender Arbeitnehmer hat sich in den letzten zehn Jahren weltweit **halbiert**.

SDG 1

In 38
von 84 Ländern sank der Gini-Index; die Ungleichheit verminderte sich.

SDG 10

In 49
von 90 Ländern hatten die ärmsten 40 % ein höheres Einkommenswachstum als der nationale Durchschnitt.

SDG 10

Frauenrechte

Die Beteiligung von Frauen in politischen Bereichen ist grösser denn je.

SDG 5

Kinderehen und Genitalverstümmelung (FGM) sind seltener geworden.

SDG 5

38 %
weniger Müttersterblichkeit seit dem Jahr 2000.

SDG 3

Betrifft SDGs (Nachhaltige Entwicklungsziele der UNO):

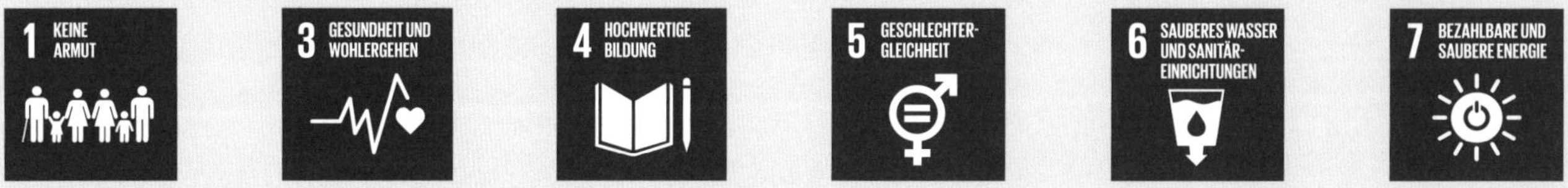

Klimawandel

↑

21,4 Mrd. USD
wurden in erneuerbare Energien in Entwicklungsländern investiert.
SDG 7

↑

17%
Anstieg klimabezogener Finanzströme von 584 auf 681 Mrd. USD.
SDG 13

↑

> 0,5 Mrd.
Menschen weltweit haben Zugang zu Elektrizität. Der Anteil stieg von 83% auf 90%.
SDG 7

Bildung

↓

Die Zahl der Kinder, die weder Primar- noch Sekundarstufe besuchen, fiel innerhalb von 10 Jahren von 26% auf **17%**.
SDG 4

Gesundheit

↑

Anstieg der von qualifiziertem medizinischem Fachpersonal begleiteten Geburten auf **81%**.
SDG 3

Wasser und Hygiene

↑

Der Anteil der Weltbevölkerung mit sicherem Zugang zu sauberem Trinkwasser stieg zwischen 2000 und 2017 von 61% auf **71%**.
SDG 6

10 WENIGER UNGLEICHHEITEN

13 MASSNAHMEN ZUM KLIMASCHUTZ

Die Grafik zeigt nur eine Auswahl und keine abschliessende Liste.

SDGs – Was zu tun bleibt

Armut

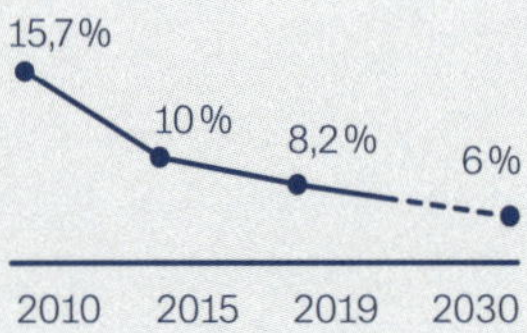

2030
soll die Armut besiegt sein. Bis dahin ist noch viel zu tun; der Prozess hat sich in den letzten Jahren stark verlangsamt.
SDG 1

>71 Mio.
Menschen sind allein 2020 in extreme Armut gedrängt worden.
SDG 1

25,9 %
aller Menschen sind von Nahrungsmittelknappheit betroffenen; vor 5 Jahren waren es nur 22,4 %.
SDG 2

23,6 Mrd. USD
wirtschaftliche Verluste wurden durch Unwetter verursacht und verstärkten die Armut zusätzlich.
SDG 1

Frauenrechte

Fast die Hälfte
aller Frauen in 57 Ländern kann nicht selbst über ihre sexuelle und reproduktive Gesundheit und Rechte bestimmen.
SDG 5

Frauen verbringen in 89 Ländern **3mal** mehr Zeit mit unbezahlter Haus- und Pflegearbeit als Männer.
SDG 5

28 %
der Führungspositionen sind von Frauen besetzt, obwohl sie 39 % der arbeitenden Weltbevölkerung im erwerbsfähigen Alter stellen.
SDG 5

Kinder

Beinahe 8 von 10
Kinder im Alter bis zu 14 Jahren wurden zu Hause Opfer von physischer oder psychischer Gewalt.
SDG 3

Betrifft SDGs:

Klimawandel

3,2 °C
voraussichtlicher Temperaturanstieg bis zum Jahr 2100
SDG 13

4,2 Mio.
Menschen starben in nur einem Jahr vorzeitig durch Luftverschmutzung.
SDG 11

100 Mrd. USD
mehr wurden in fossile Brennstoffe investiert als in klimaschützende Massnahmen.
SDG 13

2 Mrd.
Hektar Land sind weltweit erodiert. Dies verstärkt den Klimawandel und gefährdet die Lebensgrundlage von **3,2 Mrd.** Menschen.
SDG 15

Bildung

200 Mio.
Kinder werden 2030 keine Schulbildung erhalten.
SDG 4

500 Mio.
Schülern fehlen die Voraussetzungen für Fernunterricht.
SDG 4

Wasser und Hygiene

700 Mio.
Menschen könnten bis 2030 durch Wasserknappheit heimatlos werden.
SDG 6

61 %
der notwendigen Mittel fehlen, um die Ziele für die Wasser- und Sanitärversorgung zu erreichen.
SDG 6

- 10 WENIGER UNGLEICHHEITEN
- 11 NACHHALTIGE STÄDTE UND GEMEINDEN
- 13 MASSNAHMEN ZUM KLIMASCHUTZ
- 15 LEBEN AN LAND

Die Grafik zeigt nur eine Auswahl und keine abschliessende Liste.

NGDOM NURSER
PRIMARY SCHOO
ARUSH

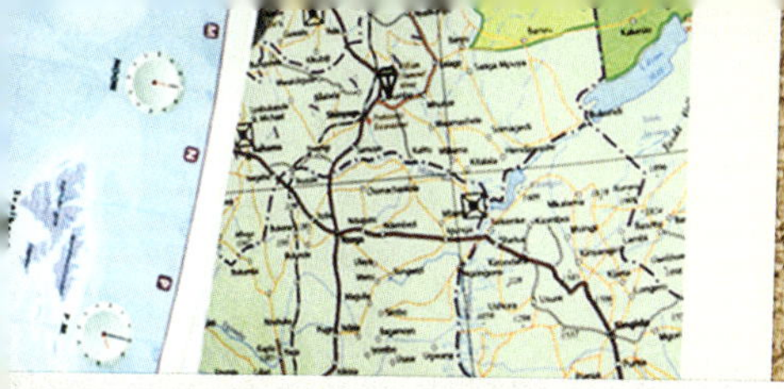

Herzlichen Dank für das Engagement und die Unterstützung!

Danke

Ein sehr herzliches Dankeschön allen, die mit ihren Geschichten, ihrer Zeit und ihrem Fachwissen dazu beigetragen haben, dieses Buch zustande zu bringen.
Insbesondere danke ich Tina Strube für die Erstellung der Infografiken und ihr fantastisches Grafikdesign; Kathryn Sutton, Ebony Satti, Tahmina Theis und Ksenia Moriggl für ihre grossartige Professionalität und ihr Durchhaltevermögen; Nik Meuli, Sascha Ternes, Frederik Zeuthen und Njeri Ng'ang'a für ihre gezielten Fragen bei den Interviews; und Jack Ratachi, unserem Fotografen in Peru, der uns geholfen hat, das wegen Covid-19 verhängte Reiseverbot zu umgehen.
Wir möchten auch unseren Gastautoren – Akie Abe, der ehemaligen First Lady Japans, Russel Mills, Generalsekretär für Wirtschaft bei der OECD, Peter Harrison, Konzernvorstandsvorsitzender von Schroders, und Ofir Ardon, Vorstand von Agritask – für die Weitergabe ihrer wertvollen Erkenntnisse und ihres Fachwissens zu unseren wichtigsten Themen danken.
Vielen Dank an alle bei National Geographic, insbesondere an Bettina Schippel für ihre Unterstützung bei der Veröffentlichung, und an Sina Nikolajew und Hans Link für ihre Redaktions-, Korrektur- und Übersetzungsdienste.
Und schliesslich danken wir all unseren Investoren, Investitionsempfängern, Partnern, ohne die wir nicht dort wären, wo wir heute sind, und ohne die wir nicht in der Lage wären, diese inspirierenden Geschichten mit Ihnen zu teilen. Und natürlich dem gesamten Team von BlueOrchard:

Aufsichtsrat

Peter Fanconi
Stephen Mills
Ernst Brugger
Sinikka Demaré
Peter Harrison
Carolina Minio-Paluello
Omar S. Qandeel
Georg Wunderlin

Geschäftsleitung

Philipp Müller
Felix Hermes
Normunds Mizis
Daniel Perroud
Maria Teresa Zappia

Mitarbeiter

Raphaël Agbanrin
Alessandro Balliana
Pierrick Balmain
Rémi Bealle
David Beguin
Reemt Behrens
Basit Bin Arshad
Holger Bloos
Michelle Carrasco
Ernesto Costa
Giorgi Darakhvelidze
Kaspars Delins
Jessica Diaz Nunez
Joy D'Souza
Daniel Escalante
Adysti Fitri
Yasari Flores
Maria Chiara Franzi
Daniel Freedman
Martin Gahr
Federica Gasparini
Veronika Giusti Keller
Giorgi Gogochuri
Mariam Goshkheteliani
Yann Groeger
Erekle Gurgenidze
Richard Hardy
Valerie Harrington
Patricia Jelk
Lado Jobava
Mahesh Joshi
Sébastien Juhen
Elene Kalmikova
Maria Kaneva-Jacobs
Tamar Kareli
Miriam Kaufmann
Ketevan Kharebava
Ketevan Khuskivadze
Njeri Kirumbi
Kwan Jie Kwong
Raphaël Lambin
Louis Leutenegger
Camille Loubignac
Dhruv Malhotra
Anvar Mamarajabov
Aurelia Marti
Giorgi Maruashvili
Ekaterine Megutnishvili
Lara Mengarelli
Ksenia Moriggl
Gustavo Muchotrigo
Sevara Mukhamet-Alieva
Waqas Munir
Magdalena Musial-Grübel
Vakhtangi Nasaridze
Njeri Ng'ang'a
Alessandra Nibbio
Analí Hideko Oda Salcedo
Nikunj Oli
Lucia Palacios
Nino Pataraia
Fabien Pietroforte
Pleurat Pllana
Bogdan Povoroznyk
Nano Purtskhvanidze
Maritza Rodriguez
Gianfranco Saladino
Ebony Satti
Roland Schilpp
Eva Schmithausen
Lars Schoeninger
Nino Sesitashvili
Jagdish Sheemar
Nino Sheradze
Aditya Singh
Matthew Sparkes
Nadina Stodiek
Christophe Tabarovsky
Sascha Ternes
Tahmina Theis
Benjamin Trüb
Nino Vadachkoria
Nino Vardiashvili
Evariste Verchere
Aleksandre Virabiani
Rocio Zeballos
Frederik Zeuthen
Natia Zhgenti
Tsira Zhorzholiani

BlueOrchard Ambassadors

Andreas Bär
Monika Beck
Melchior de Muralt
Maxime du Chayla
Christophe Grünig
Stephan Keiser
Eduardo Montes
Ted Uemae
Cees van Gessel
Martin Velasco

Quellen Infografiken:
Asian Development Bank, Georgia and ADB, 2019;
BlueOrchard Finance Ltd, 2020;
Climate Action Tracker, Peru, 2019;
Education Cannot Wait, Resilient Education, Impact Peru, 2020;
Environmental Performance Index, 2020;
Everyculture.com, Tajukistan to Zimbabwe, 2020;
Food and Agriculture Organization of the United Nations, Global Forest Resource Assessment, 2020;
Georgian Biodiversity Database, 2020;
GIIN 2014–2020;
Global Edge, 2020;
Human Development Report 2019, Inequalities in Human Development in the 21st Century, 2019;
IDMC, Global Report on Internal Displacement, 2020;
Index Mundi, Tanzania GDP – Composition by Sector, 2017;
Indiatimes, 11 Ancient Inventions & Discoveries of Science that India Gifted to the Rest of the World, 2018;
IUCN, Georgia – A Haven for Biodiversity, 2012;
International Agency for Global Coalition against Corruption, Corruption Perception Index, 2019;
Map: Miller Projection, 2018;
Migration Data Portal, Environmental Migration, 2020;
NASA, Global Climate Change, 2020;
National Family Health Survey, India, 2016;
National Geographic Kids, Indigenous People Battle Squatters and Timber Poachers in Peru's Amazon, 2019;
National Geographic Kids, Country Fact File, 2020;
National Geographic Kids, Country Fact File: Tanzania, 2020;
Nature.com, Increased Variability of Eastern Pacific El Niño under Greenhouse Warming, 2018;
Nature Communications, New Elevation Data Triple Estimates of Global Vulnerability to Sea-level Rise and Coastal Flooding, 2019;
People Groups, Rangi of Tanzania, 2020;
Stanford, Economic Impact of Climate Change on the World, 2015;
Statista, Georgia: Distribution of Gross Domestic Product (GDP) across Economic Sectors from 2009 to 2019, 2019;
Tanzania.de, Massai – Zu Besuch bei einem Urvolk im Umbruch, 2020;
The Economist, Weather-related Disasters Are Increasing, 2017;
The Mix, Global Outreach & Financial Performance Benchmark Report, 2017–2018;
The World Bank Data, Gini Index (World Bank Estimate) – Georgia, Tanzania, Peru, India, 2011, 2017, 2018;
The World Bank Data, Poverty Headcount Ratio at National Poverty Lines (% of population) – India, Georgia, Tanzania, Peru, 2011, 2018;
The World Bank Data, GDP (Current US$) – Tanzania, Georgia, Peru, India, 2019;
The World Bank Data, GDP per Capita, PPP (Current International $) – Tanzania, Peru, India, Georgia;
The World Bank Data, Employment in Agriculture (% of Total Employment) (Modelled ILO Estimate) – India, Georgia, Tanzania, Peru, 2019;
The World Bank Data, Employment in Services (% of Total Employment) (Modelled ILO Estimate) – India, Georgia, Tanzania, Peru, 2019;
The World Bank Data, Rural Population (% of Total Population) – India, Georgia, Tanzania, Peru, 2019;
The World Bank Data, Mortality Rate, Infant (per 1,000 Live Births) – India, Georgia, Tanzania, Peru, 2019;
The World Bank Data, Poverty Headcount Ratio at $ 1.90 a Day (2011 PPP) (% of Population) – Tanzania, India, Peru, Georgia, 2011–2018;
The World Bank Data, Employment in Industry (% of Total Employment) (Modelled ILO Estimate) – India, Georgia, Tanzania, Peru, 2019;
The World Bank, Tanzania Secondary Education Quality Improvement Project, 2019;
The World Bank Data, Population, Total – India, Georgia, Tanzania, Peru, 2019;
The World Bank Data, Data Catalog, Population Ranking, 2019;
The World Bank Data, School Enrolment, Primary (% net) – Georgia, Tanzania, Peru, India, 2013, 2018;
The World Bank Data, School Enrolment, Secondary (% net) – Georgia, Tanzania, Peru, India 2013, 2018;
The Wold Bank, The Global Findex Database, 2017;
The World Bank Data, Literacy Rate, Adult Total (% of People Ages 15 and above) – Tanzania, Peru, Georgia, India;
The World Bank, Worldwide Governance Indicators, 2019;
The World Bank, Financial Inclusion Overview, 2018;
The World Bank Data, Account Ownership at a Financial Institution or with a Mobile-money-service Provider (% of Population Ages 15+) – India, Tanzania, Georgia, Peru, 2017;
The World Bank Group, Climate Change Knowledge Portal, Peru, 2020;
The 2002 Indian National Sample Survey, Agriculture Census 2005/2006, Department of Agriculture and Cooperation, Government of India;
Theodora, Countries of the World, Tanzanian Economy, 2020;
Thomson Reuters Foundation, The World's most Dangerous Countries for Women, 2018;
Trading Economics, Tanzanian GDP, 2019;
Transparency International, Global Corruption Index, 2019;
UNESCO, Data for Sustainable Development Goals, Education in Africa, 2020;
UNESCO, Technical Cooperation Group on the Indicators for SDG 4, 2015;
United Nations, Inequality – Bridging the Divide, 2020;
UN Stats, Ensure Inclusive and Equitable Quality Education and Promote Lifelong Learning Opportunities for All, 2015;
UN Women and SDC, Women's Economic Inactivity and Engagement in the Informal Sector in Georgia, 2018;
UN Women, In Pursuit of Justice, Progress of the World's Women 2011–2012;
UN Women, Asia and the Pacific, Data on Women, 2020;
UN, Population, Household Size & Composition, 2019;
United Nations Development Programme, Human Development Reports, Gender Inequality Index (GII), 2018;
United Nations Development Programme, Human Development Reports, Peru, 2019;
United Nations Development Programme, Human Development Reports, India, 2019;
United Nations Development Programme, Human Development Reports, Georgia, 2019;
United Nations Development Programme, Human Development Reports, Tanzania, 2019;
United Nations Development Programme, Gender and Employment in the South Caucasus and Western CIS, 2016;
United Nations, The Sustainable Development Goals Report, 2020;
USAID, Climate Risk Profile: Peru, 2020;
Verisk Maplecroft, Human Rights Outlook, 2020;
Wissenschaft.de, Wie wirkt der Klimawandel auf den El Niño?, 2018;
Wiley, Small Money Big Impact, 2017;
World Economic Forum, This Chart Shows where Extreme Weather is Causing the Most Fatalities, 2020;
World Economic Forum, Women Lose Most from the Climate Crisis. How Can we Empower them?, 2018;
World Happiness Report, 2020;
Worldometers, Global Populations, 2020;
WWF, Erhöhte Ernährungssicherheit und Nachhaltigkeit der Ökosysteme in Tansania, 2020;

Impressum

Verantwortlich: Peter Fanconi
Redaktion: Ebony Satti, Kathryn Sutton
Lektorat und Korrektorat: Sina Nikolajew
Fotografie: Robert Bösch und Jack Ratachi
Gestaltung und Infografik: Tina Strube
Umschlaggestaltung: Tina Strube
Illustration: Luisa Just
Text: Kathryn Sutton
Übersetzung: Hans Link
Repro: LUDWIG:media
Herstellung: Bettina Schippel
Printed in Italy by Printer Trento

Datenmaterial gestellt von

BlueOrchard Impact Investment Managers | Member of the Schroders Group

Papier: Munken Lynx, Gmund No Bleach

FSC
www.fsc.org
MIX
Papier aus verantwortungsvollen Quellen
FSC® C015829

Die Deutsche Nationalbibliothek verzeichnet diese Publikation in der Deutschen Nationalbibliografie; detaillierte bibliografische Daten sind im Internet über http://dnb.d-nb.de abrufbar.

NationalGeographic ist nicht mit BlueOrchard Finance Ltd verbunden und nicht für den redaktionellen Inhalt dieses Buches verantwortlich.

ISBN: 978-3-86690-770-6

★ ★ ★ ★ ★

Sind Sie mit diesem Titel zufrieden? Dann würden wir uns über Ihre Weiterempfehlung freuen.

Erzählen Sie es im Freundeskreis, berichten Sie ihrem Buchhändler, oder bewerten Sie bei Onlinekauf.
Und wenn Sie Kritik, Korrekturen, Aktualisierungen haben, freuen wir uns über Ihre Nachricht NG Buchverlag GmbH, Postfach 40 02 09, D-08702 München oder per E-Mail an lektorat@verlagshaus.de.

Unser komplettes Programm finden Sie unter:
www.nationalgeographic-buch.de

Alle Angaben dieses Werkes wurden vom Autor sorgfältig recherchiert und auf den neuesten Stand gebracht sowie vom Verlag geprüft. Für die Richtigkeit der Angaben kann jedoch keine Haftung übernommen werden, weshalb die Nutzung auf eigene Gefahr erfolgt. Insbesondere bei GPS-Daten können Abweichungen nicht ausgeschlossen werden. Sollte diese Werk Links auf Webseiten Dritter enthalten, so machen wir uns die Inhalte nicht zu eigen und übernehmen für die Inhalte keine Haftung.

In diesem Buch wird aus Gründen der besseren Lesbarkeit das generische Maskulinum verwendet. Weibliche und anderweitige Geschlechteridentitäten werden dabei ausdrücklich mitgemeint, soweit es für die Aussage erforderlich ist.

Bildnachweis: Alle Bilder des Innenteils stammen von Robert Bösch (Seiten 22–153, 204 205 Mitte) und Jack Ratachi (Seiten 160–199).
Umschlagvorderseite: Bilder von Robert Bösch

Seit ihrer Gründung 1888 hat sich die National Geographic Society weltweit an mehr als 13 000 Expeditionen, Forschungs- und Schutzprojekten beteiligt. Die Gesellschaft erhält Fördermittel von National Geographic Partners LLC, unterstützt unter anderem durch Ihren Kauf. Ein Teil der Einnahmen dieses Buches hilft uns bei der lebenswichtigen Arbeit zur Bewahrung unserer Welt. Das legendäre NATIONAL GEOGRAPHIC Magazin erscheint monatlich. Darin veröffentlichen namhafte Fotografen ihre Bilder und renommierte Autoren berichten aus nahezu allen Wissensgebieten der Welt. National Geographic im TV ist ein Premium Dokumentations-Sender, der ein informatives und unterhaltsames Programm rund um die Themen Wissenschaft, Technik, Geschichte und Weltkulturen bereithält. Falls Sie mehr über National Geographic wissen wollen, besuchen Sie unsere Website unter www.nationalgeographic.de.